英語4技能 リーディング ハイパートレーニング

長文読解 超基礎編

問題編

K 桐原書店

英語4技能 リーディング ハイパートレーニング

長文読解 ① 超基礎編

問題編

Contents

桐原書店

リーディング問題に取り組むにあたって

1. パッセージ全体のテーマをとらえよう

　タイトルがある文章の場合は，まず最初にタイトルを読み，何について書かれた文章なのかをつかみましょう。次に（タイトルがない文章の場合は最初に）設問に目を通します。それによって，本文のどこに注目して読むべきかがわかります。また，設問はたいてい本文の内容の順に並んでいるので，あらかじめ設問に目を通しておくことは，文章の流れを理解する手助けにもなるでしょう。選択肢まで先に細かく読む必要はありません。タイトルと設問をしっかりと読んで，どのような情報を求めてその文章を読むのかを先に知っておくようにしましょう。

2. 設問に関連する部分を探しながら読もう

　試験には時間制限があるので，一文一文を細かくていねいに読んで，設問に関係しないところの文法や構文で考えこんでしまっては，時間オーバーになってしまいます。1. の作業で，本文で注目すべき場所は見当がつくはずなので，時間配分を考えながら読んでいきましょう。

3. 論理マーカーで流れをつかもう

　論理マーカーとは，文と文との論理的関係を示す目印となることばです。たとえば，because（なぜなら）があれば，その前に「結果」が，その後ろに「原因」にあたることが述べられていると予想できます。また，but（しかし）なら「逆接」ですが，単にその前後が反対の内容になっているというより，「一般論」but「筆者の主張」という順番で，後ろの方に大切なことが述べられているケースもあります。また，for example（たとえば）の後には，その前に述べられていたことの具体例が続きます。このような論理マーカーを知っておくと，どこに何が書いてあるのかをつかみやすくなります。

次のメモの内容に関して，(1) と (2) の質問に対する答えとして最も適切なものを
1, 2, 3, 4 の中から一つ選び，その番号のマーク欄をぬりつぶしなさい。

Mom,

I gave the cat his food. I also cleaned my room. I will go to Brent's house to watch TV. He has dinner at 6:00, so I will leave at 5:50. I will be home at 6:10. Dad called and said, "I have to work late tonight." He will be home at 7:00. I did not finish my homework. I will do it after dinner.

Todd

---

(1) What time will Todd's Dad get home?

1 At 5:50.

2 At 6:00.

3 At 6:10.

4 At 7:00.

(1) ① ② ③ ④

(2) What will Todd do after dinner?

1 Give the cat his food.

2 Clean his room.

3 Go to Brent's house.

4 Finish his homework.

(2) ① ② ③ ④

DATA
●ワード数：62 words
●目標解答時間： 3分

次の掲示の内容に関して，(1) と (2) の質問に対する答えとして最も適切なものを
1, 2, 3, 4 の中から一つ選び，その番号のマーク欄をぬりつぶしなさい。

Table Tennis Games

Where: The Brentwood Sports Center
Cost: $5 for children, $10 for adults*
Time: 10:00 a.m. to 12:00 p.m.
Prize: $20 gift card from Sifton Books

All ages are welcome. There will be snacks for sale. Hot dogs and hamburgers will cost $2 each. We have rackets and balls for everyone. Please bring sports shoes to wear in the gym.

---

*adult: 大人

(1) How much does the game cost for adults?

1 $2.

2 $5.

3 $10.

4 $20.

(1) ① ② ③ ④

(2) What do people have to bring with them?

1 Rackets.

2 Balls.

3 Sports shoes.

4 Snacks.

(2) ① ② ③ ④

DATA
●ワード数：56 words
●目標解答時間： 3分

次の掲示の内容に関して，(1) と (2) の質問に対する答えとして最も適切なものを
1, 2, 3, 4 の中から一つ選び，その番号のマーク欄をぬりつぶしなさい。

Silverton Train Museum

Opening Hours

Monday–Thursday	10:00 a.m.–5:00 p.m.
Friday	10:00 a.m.–6:00 p.m.
Saturday and Sunday	9:00 a.m.–7:00 p.m.

This month, we will show a movie about Japanese trains in the theater. The museum has a restaurant and a gift shop. They are beside the children's playroom. For more information, call 555-2821.

---

(1) What time does the museum close on weekends?

1 At 5:00 p.m.

2 At 6:00 p.m.

3 At 7:00 p.m.

4 At 9:00 p.m.

(1) ① ② ③ ④

(2) Where is the gift shop?

1 Beside the children's playroom.

2 Beside the theater.

3 Beside the information center.

4 Beside the museum entrance.

(2) ① ② ③ ④

次の掲示の内容に関して，(1)と(2)の質問に対する答えとして最も適切なもの，または文を完成させるのに最も適切なものを 1, 2, 3, 4 の中から一つ選び，その番号のマーク欄をぬりつぶしなさい。

Drama Club Performance
Lost in London

Date: June 16
Time: 7:00 p.m. to 8:30 p.m.
Place: The Wintergreen Theater
Ticket Price: $8

Members of the drama club will sell tickets until June 15 at 4:00 p.m. You can also buy tickets at the theater on June 16 from 5:00 p.m. to 7:00 p.m.

---

(1) What time will *Lost in London* end?

1 At 4:00 p.m.

2 At 5:00 p.m.

3 At 7:00 p.m.

4 At 8:30 p.m.

(1) ① ② ③ ④

(2) On June 16 from 5:00 p.m. to 7:00 p.m. people can

1 buy tickets at the theater.

2 see *Lost in London*.

3 watch the drama club practice.

4 go on a tour of the theater.

(2) ① ② ③ ④

DATA
●ワード数：55 words
●目標解答時間： 3分

次の掲示の内容に関して，（1）と（2）の質問に対する答えとして最も適切なものを
1, 2, 3, 4 の中から一つ選び，その番号のマーク欄をぬりつぶしなさい。

One-Week Sale at Glendale Toys!

When: Monday, April 15 to Sunday, April 22

Time: Monday to Friday from 10:00 a.m. to 7:00 p.m.
Saturday and Sunday from 9:00 a.m. to 8:00 p.m.

Toy trains will be 30% off. Soccer balls and basketballs will be
$20 each. Every toy car comes with a free coloring book*!

*coloring book: ぬりえ（の本）

(1) When does the sale end?

1 Monday morning.

2 Monday evening.

3 Sunday morning.

4 Sunday evening.

(1) ① ② ③ ④

(2) What can you get for free?

1 A toy train.

2 A soccer ball.

3 A basketball.

4 A coloring book.

(2) ① ② ③ ④

Unit **6** ⇒本冊 p.40 ～ 49

DATA
●ワード数：135 words
●目標解答時間： 5分

次の E メールの内容に関して，(1) から (3) までの質問に対する答えとして最も適切なものを 1, 2, 3, 4 の中から一つ選び，その番号のマーク欄をぬりつぶしなさい。

From: David Silverman
To: Karen Silverman
Date: August 10
Subject: School trip to Japan

Hi Mom,
Today is Sunday, and our class is in Tokyo now. I took a Japanese taxi from the airport today. On Wednesday, we'll take a tour bus to Yokohama. On Thursday, we'll take an airplane to Osaka. Then, on Saturday, we'll take the train to Hiroshima. I love Japanese food. I really like tempura. Philip likes Kobe beef and sushi. Do you like Japanese food?
Love,
David

From: Karen Silverman
To: David Silverman
Date: August 10
Subject: Have fun!

Hi David,
I'm glad* you like Japan. I went there five years ago. I liked eating miso soup. I visited Osaka, too. It was a nice place. I hope you will enjoy your trip. Please e-mail me again soon.
Love,
Mom

---

*be glad (that) ...: …であることをうれしく思う

(1) When will David go to Yokohama?

　　1　On Wednesday.

　　2　On Thursday.

　　3　On Saturday.

　　4　On Sunday.

(1) ① ② ③ ④

(2) How will David get to Osaka?

　　1　By train.

　　2　By bus.

　　3　By airplane.

　　4　By taxi.

(2) ① ② ③ ④

(3) What food did David's mom enjoy in Japan?

　　1　Tempura.

　　2　Sushi.

　　3　Kobe beef.

　　4　Miso soup.

(3) ① ② ③ ④

次のＥメールの内容に関して，(1) から (3) までの質問に対する答えとして最も適切なもの，または文を完成させるのに最も適切なものを 1, 2, 3, 4 の中から一つ選び，その番号のマーク欄をぬりつぶしなさい。

From: Julia Greene
To: Samantha Blake
Date: May 28
Subject: Hi Grandma

Dear Grandma,
Thanks for coming to my house on Saturday and Sunday. You cooked hamburgers on Saturday. They were great. I made a cake with you on Sunday. It was fun. I love cherries on chocolate cake! I want to make muffins with you next week.
Love,
Julia

From: Samantha Blake
To: Julia Greene
Date: May 28
Subject: Next visit

Dear Julia,
Yesterday was fun! Sorry, I'm busy next week. I will come to your house again next month. Let's go swimming. There is a pool in Eastford Park. We can go there.
Love,
Grandma

(1) What did Grandma make on Saturday?

   1 Hamburgers.

   2 Cake.

   3 Muffins.

   4 Chocolate.

(1) ① ② ③ ④

(2) When will Grandma see Julia next?

   1 On Saturday.

   2 Tomorrow.

   3 Next week.

   4 Next month.

(2) ① ② ③ ④

(3) Next time, Julia and her grandma will

   1 go swimming.

   2 buy cherries.

   3 clean the house.

   4 play games in the park.

(3) ① ② ③ ④

次の E メールの内容に関して，(1) から (3) までの質問に対する答えとして最も適切なもの，または文を完成させるのに最も適切なものを 1, 2, 3, 4 の中から一つ選び，その番号のマーク欄をぬりつぶしなさい。

From: Grant Robinson
To: Tom Rothwell
Date: August 1
Subject: Sunday

Hi Tom,

There will be a free concert in Victoria Park on Sunday. It's near Parkdale Mall. Please come with my mom and me! We will leave our house at 9:30 a.m. The concert starts at 10:30 a.m. We can give you a ride.* For lunch, we can walk to a restaurant or buy some food in the park. Or maybe we can make something.
Grant

*give ... a ride: …を車に乗せる

From: Tom Rothwell
To: Grant Robinson
Date: August 1
Subject: Plans

Hi Grant,

Thanks for asking me. I'd like to go. By the way, I have to be home before 2:00 p.m. I have a soccer game at 2:30 p.m. I don't have much money. I'll make sandwiches at home, and we can eat them in the park.
Tom

(1) What will Grant and Tom do on Sunday morning?

    1   Go to a concert.

    2   Play some music.

    3   Walk to a park.

    4   Shop at the mall.

(1) ① ② ③ ④

(2) What time will the concert start?

    1   9:30 a.m.

    2   10:30 a.m.

    3   2:00 p.m.

    4   2:30 p.m.

(2) ① ② ③ ④

(3) At lunchtime, Tom plans to

    1   go to a restaurant.

    2   buy food in the park.

    3   eat sandwiches.

    4   go home.

(3) ① ② ③ ④

DATA
●ワード数：134 words
●目標解答時間： 5分

次のEメールの内容に関して，(1) から (3) までの質問に対する答えとして最も適切なもの，または文を完成させるのに最も適切なものを 1，2，3，4 の中から一つ選び，その番号のマーク欄をぬりつぶしなさい。

From: Tanya Jones
To: Kelly McMaster
Date: September 23
Subject: This weekend

Hi Kelly,
Thanks for the birthday card. You drew a cat on it. I like the picture. You are really good at* drawing. My grandma gave me a camera. I want to go to the park with you. We can ride our bikes there. Then, we can take lots of photos in the park. I want to take photos of the soccer players. Are you free on Saturday or Sunday?
Tanya

---

*be good at : 得意である

From: Kelly McMaster
To: Tanya Jones
Date: September 23
Subject: Let's go!

Hi Tanya,
I'm glad you liked the card. I have to help my family on Saturday, and I have to go to volleyball practice on Sunday morning. I can go to the park on Sunday afternoon. I'm excited!
Kelly

---

(1) What did Tanya get for her birthday?

  1 A cat.

  2 A camera.

  3 A bike.

  4 A soccer ball.

(1) ① ② ③ ④

(2) Tanya wants to go to

  1 volleyball practice.

  2 the park.

  3 the soccer stadium.

  4 her grandma's house.

(2) ① ② ③ ④

(3) When will Kelly go to volleyball practice?

  1 On Saturday morning.

  2 On Saturday afternoon.

  3 On Sunday morning.

  4 On Sunday afternoon.

(3) ① ② ③ ④

DATA
●ワード数：136 words
●目標解答時間： 5分

次の E メールの内容に関して，（1）から（3）までの質問に対する答えとして最も適切なものを 1, 2, 3, 4 の中から一つ選び，その番号のマーク欄をぬりつぶしなさい。

From: Alice Campbell
To: Sumika Kimura
Date: April 20
Subject: Hi there

Hi Sumika,
How is school? Do you play any sports? I played baseball last year, but this year I will play basketball. I had fun at your house in Japan. I enjoyed the food. We made sushi together, and it was delicious. Can you send me the recipe?
Your friend,
Alice

From: Sumika Kimura
To: Alice Campbell
Date: April 21
Subject: Test

Hi Alice,
We had a math test in school today. I got a perfect score. Also, my grades on my English tests are excellent. Thank you for helping me with my language skills! I have to study science and history more because they're difficult for me. I changed sports, too. I quit* soccer. I'm on the swim team now.
Your friend,
Sumika

---

*quit：やめる

(1) What will Sumika do for Alice?

   1 Send her a recipe.

   2 Make sushi for her.

   3 Stay at her house.

   4 Help her with her homework.

(1) ① ② ③ ④

(2) What can Sumika do with Alice's help?

   1 She can get better at English.

   2 She can study science and history.

   3 She can get a perfect score.

   4 She can practice soccer.

(2) ① ② ③ ④

(3) What sport is Sumika doing this year?

   1 Soccer.

   2 Baseball.

   3 Basketball.

   4 Swimming.

(3) ① ② ③ ④

Unit **11** ⇒本冊 p.84 ～ 93

DATA
●ワード数：161 words
●目標解答時間： 8分

次の英文の内容に関して，（1）から（5）までの質問に対する答えとして最も適切なものを 1, 2, 3, 4 の中から一つ選び，その番号のマーク欄をぬりつぶしなさい。

The Train Museum

Aira loves trains. Two months ago, a new train museum opened in her city. Aira, her father, and her best friend Rena visited it. They learned about the history of trains. They also took lots of photos of old and new trains. Rena really enjoyed the big train diorama.* Aira liked the train simulator.* After they left, Aira said, "I want to spend a whole week* there!"

Then, they saw a poster. It said, "The museum needs volunteers." Aira and Rena wanted to volunteer. They talked to a museum worker. The worker asked them about their free time. Aira and Rena play soccer on Sundays, and they go to school on Saturday mornings. Aira said, "We can work on Saturday afternoons."

Aira started working at the information desk. She answers people's questions. Rena is a tour guide. She tells people about all the trains. They feel very lucky because they can volunteer at such a great museum.

*diorama: ジオラマ（模型）
*simulator: シミュレータ（模擬装置）
*whole week: まる 1 週間

(1) When did the train museum open?

1 One week ago.

2 Two weeks ago.

3 One month ago.

4 Two months ago.

(1) ① ② ③ ④

(2) Who liked the train diorama best?

1 Aira.

2 Aira's father.

3 Rena.

4 Rena's father.

(2) ① ② ③ ④

(3) Why did Aira and Rena talk to a museum worker?

1 They enjoyed the train simulator.

2 They wanted to volunteer.

3 They needed free time.

4 They liked to play soccer.

(3) ① ② ③ ④

(4) When do Aira and Rena work at the museum?

1 On Saturday mornings.

2 On Saturday afternoons.

3 On Sunday mornings.

4 On Sunday afternoons.

(4) ① ② ③ ④

(5) What does Rena do?

1 She works at the information desk.

2 She gives people tours.

3 She cleans the trains.

4 She sells museum tickets.

(5) ① ② ③ ④

次の英文の内容に関して，（1）から（5）までの質問に対する答えとして最も適切なもの，または文を完成させるのに最も適切なものを 1，2，3，4 の中から一つ選び，その番号のマーク欄をぬりつぶしなさい。

Barbara's Homestay

Barbara is a high school student. She is 16 years old, and last year she stayed with Mr. and Mrs. Kimura and their daughter Emi for two months. Emi is one year younger than Barbara, and they became good friends.

Barbara studied Japanese, and Emi helped her. They studied it twice* a week. Barbara helped Mrs. Kimura with the cooking. They often cooked udon with tempura. One day, Emi asked Barbara, "What is your favorite Japanese food?" Barbara said, "I like soba. How about you?" Emi said, "I like sushi."

Mr. Kimura took Barbara and Emi to a car factory. Robots make the cars at that factory. The robots came from Mr. Kimura's company. His company is famous for making those robots. Barbara also played video games with the Kimuras. She and Emi were good at video games, but Barbara was surprised because Mrs. Kimura always won. Now, Barbara is back in America, but she sends an e-mail to the Kimuras once* a month.

*twice: 2度，2回
*once: 1度，1回

(1) How old is Emi?

1　14.

2　15.

3　16.

4　17.

(1) ① ② ③ ④

(2) How often did Barbara study Japanese with Emi?

1　Once a week.

2　Twice a week.

3　Three times a week.

4　Four times a week.

(2) ① ② ③ ④

(3) Barbara's favorite food was

1　tempura.

2　udon.

3　soba.

4　sushi.

(3) ① ② ③ ④

(4) Mr. Kimura's company makes

1　Japanese food.

2　robots.

3　cars.

4　video games.

(4) ① ② ③ ④

(5) The best video game player was

1　Barbara.

2　Emi.

3　Mr. Kimura.

4　Mrs. Kimura.

(5) ① ② ③ ④

次の英文の内容に関して，（1）から（5）までの質問に対する答えとして最も適切な
もの，または文を完成させるのに最も適切なものを 1，2，3，4 の中から一つ選び，
その番号のマーク欄をぬりつぶしなさい。

The Comic Book

Mike loves comics. He reads two books every day, and he buys a new one every week. He wanted to make his own comic books, but he had a problem. He is not good at drawing. His friend Lynn is good at drawing, and she likes comics, too. One day, Mike said, "Let's make a comic book together. I will write the stories, and you can draw the pictures." Lynn said, "It is a great idea."

Mike likes robots, and Lynn likes dogs. They made a comic about a robot dog. Its name is Mecha-Dog. The dog helps the police. Mecha-Dog often fights* with Mecha-Cat. Mecha-Cat is Mecha-Dog's enemy.* The story is very interesting.

They worked on* the comic for six weeks. Mike wrote the story, and Lynn drew 80 pictures for the comic. It had 20 pages. They sold their comic to their friends for 50 cents each. They got $10, so they can both buy some more comic books now.

*fight: 戦う
*enemy: 敵
*work on：取り組む

(1) How often does Mike buy a comic book?

  1 Once a day.

  2 Twice a day.

  3 Once a week.

  4 Twice a week.

(1) ① ② ③ ④

(2) Mike was not good at

  1 reading books.

  2 drawing pictures.

  3 writing stories.

  4 talking to people.

(2) ① ② ③ ④

(3) For Lynn, making a comic book

  1 was a great idea.

  2 was a big probrem.

  3 was not interesting.

  4 was easy.

(3) ① ② ③ ④

(4) How many pages was their comic?

  1 6.

  2 20.

  3 50.

  4 80.

(4) ① ② ③ ④

(5) What will Mike and Lynn do with the $10?

  1 Get a dog.

  2 Give it to their friends.

  3 Buy more comic books.

  4 Make a new comic book.

(5) ① ② ③ ④

次の英文の内容に関して，（1）から（5）までの質問に対する答えとして最も適切なもの，または文を完成させるのに最も適切なものを 1，2，3，4 の中から一つ選び，その番号のマーク欄をぬりつぶしなさい。

Monica's Idea

Monica does not like winter. She likes Christmas, but she does not like the weather in January or February. Her friend Tara said, "You should try skiing or skating." But Monica said, "I don't like winter sports. I like surfing. I like going to the beach in July." Tara wanted to cheer Monica up,* so she said, "We'll have a beach party." Monica said, "But it's February."

"No problem," Tara said. "We can have a party in my living room. Let's put up* pictures. In the pictures, people are enjoying swimming at beaches and playing Hawaiian music. Everyone can wear shorts and T-shirts."

On Sunday afternoon, they had the party. They invited their friends. Everyone had a lot of fun. They drank lemonade and ate hot dogs and hamburgers. Tara's mom bought some strawberries. They were expensive, but they were delicious. On Sunday night after the party, it was cold and snowy. But Monica felt very happy.

*cheer up: 元気づける
*put up: 飾る

(1) This story happens in the month of

    1 December.

    2 January.

    3 February.

    4 July.

(1) ① ② ③ ④

(2) What sport does Monica like the best?

    1 Skiing.

    2 Skating.

    3 Surfing.

    4 Swimming.

(2) ① ② ③ ④

(3) Tara decided to

    1 go to the beach.

    2 buy shorts and T-shirts.

    3 have a party.

    4 clean Monica's house.

(3) ① ② ③ ④

(4) What food was expensive?

    1 Lemonade.

    2 Hot dogs.

    3 Hamburgers.

    4 Strawberries.

(4) ① ② ③ ④

(5) How did Monica feel on Sunday night after the party?

    1 Happy.

    2 Cold.

    3 Hot.

    4 Sad.

(5) ① ② ③ ④

Unit **15** ⇒本冊 p.124 ～ 133

DATA
●ワード数：167 words
●目標解答時間： 8分

次の英文の内容に関して，（1）から（5）までの質問に対する答えとして最も適切なものを 1, 2, 3, 4 の中から一つ選び，その番号のマーク欄をぬりつぶしなさい。

The Family Trip

Paul's family will go on a trip. Yesterday, they had a family meeting about the trip. His father said, "I want to go camping." His sister said, "I want to go surfing in California." But Paul and his mother wanted to visit Florida. The family decided to visit Florida this year.

Paul's father works for a bus company, so they can get free bus tickets. Last year, their vacation was two weeks long. But this year, Paul's father is busy at work. They only have ten days for their vacation. They will spend two days traveling on the bus and eight days in Florida. Paul was sad because he wanted to fly in an airplane or take a train.

They will go to Miami. People can swim at the beach, and there is a big zoo there. Paul's sister wants to go to a museum. Paul asked his parents, "Can you take me to a baseball game?" They said yes, so he is excited.

(1) What did Paul's family do yesterday?

   1 They came home from a trip.

   2 They had a family meeting.

   3 They went surfing.

   4 They worked.

(1) ① ② ③ ④

(2) Who wanted to go camping?

   1 Paul.

   2 Paul's father.

   3 Paul's sister.

   4 Paul's mother.

(2) ① ② ③ ④

(3) How long will they stay in Florida?

   1 Two days.

   2 Eight days.

   3 Ten days.

   4 Two weeks.

(3) ① ② ③ ④

(4) How will they get to Florida?

   1 By train.

   2 By airplane.

   3 By bus.

   4 By car.

(4) ① ② ③ ④

(5) What can Paul do in Miami?

   1 Watch a baseball game.

   2 Go camping.

   3 Take a train.

   4 Go to a museum.

(5) ① ② ③ ④

DATA
●ワード数：161 words
●目標解答時間： 8分

次の英文の内容に関して，（1）から（5）までの質問に対する答えとして最も適切なものを 1, 2, 3, 4 の中から一つ選び，その番号のマーク欄をぬりつぶしなさい。

Henry's Hiking Trip

On Sunday, Henry's family went hiking. They left at 7:00 a.m. and drove to a mountain. They started walking at 9:00 a.m. It was a little cold and cloudy.

After walking for two hours, Henry's mother said, "I think this is the wrong* way." They checked the map. His father said, "You're right." They walked back for three kilometers. Then, it was 11:00 a.m. They were tired and hungry. Henry's sister said, "Let's stop. I'm hungry." But his father said, "It's still too early for lunch. We need to walk for 30 more minutes." They walked until 11:30, and then they stopped for lunch. It was sunny, and they felt better. There was a river there, and they swam in the water for 40 minutes.

In the morning, Henry was cold, tired, and hungry. But he was happy after lunch. At the top of the mountain, he saw a beautiful view. It was a great day.

*wrong: まちがった

(1) What time did Henry's family start hiking?

    1 7:00 a.m.

    2 9:00 a.m.

    3 11:00 a.m.

    4 11:30 a.m.

(1) ① ② ③ ④

(2) What happened in the morning?

    1 Henry's family went the wrong way.

    2 Henry's family lost the map.

    3 Henry and his sister had a fight.

    4 Henry's sister got lost.

(2) ① ② ③ ④

(3) How was the weather at lunchtime?

    1 Cold.

    2 Cloudy.

    3 Sunny.

    4 Windy.

(3) ① ② ③ ④

(4) How long did they swim for?

    1 One hour.

    2 Two hours.

    3 Thirty minutes.

    4 Forty minutes.

(4) ① ② ③ ④

(5) How did Henry feel in the afternoon?

    1 Tired.

    2 Hungry.

    3 Cold.

    4 Happy.

(5) ① ② ③ ④

DATA
●ワード数：143 words
●目標解答時間： 8分

次の英文の内容に関して，(1)から(5)までの質問に対する答えとして最も適切なもの，または文を完成させるのに最も適切なものを 1, 2, 3, 4 の中から一つ選び，その番号のマーク欄をぬりつぶしなさい。

Dale's New Sister

One day in April, Dale heard important news from his mother. She said, "I'm having a baby." Dale was surprised. He said, "I want a brother." But his mother said, "Sorry, you will have a sister."

In July, his mother stopped working at her job. Dale and his father helped her with the housework.* His father vacuumed* the house and cleaned the bathroom. When the clothes were dirty, Dale washed them.

On September 22, Dale's mother said, "It is time!" Dale's father drove her to the hospital. Dale's mother's friend came to his house to take care of him. They were both worried about his mother and the new baby. The next morning, on September 23, they went to the hospital. Dale saw his new sister. She was cute. He was excited to have a new person in his family.

*housework：家事
*vacuum: 掃除機をかける

(1) When Dale's mother talked about important news, he

1 wanted to have a brother.

2 got angry at her.

3 had a surprise for her.

4 was very busy.

(1) ① ② ③ ④

(2) What kind of work did Dale do?

1 He vacuumed the house.

2 He cleaned the bathroom.

3 He washed the clothes.

4 He washed the car.

(2) ① ② ③ ④

(3) When did Dale's mother have a baby?

1 In April.

2 In July.

3 In September.

4 In October.

(3) ① ② ③ ④

(4) Who took care of Dale on September 22?

1 Dale's mother.

2 Dale's mother's friend.

3 Dale's sister.

4 Dale's father.

(4) ① ② ③ ④

(5) On September 23, Dale

1 got hungry.

2 felt sorry.

3 got worried.

4 felt excited.

(5) ① ② ③ ④

DATA
●ワード数：162 words
●目標解答時間： 8分

次の英文の内容に関して，(1) から (5) までの質問に対する答えとして最も適切なもの，または文を完成させるのに最も適切なものを 1, 2, 3, 4 の中から一つ選び，その番号のマーク欄をぬりつぶしなさい。

Vicky's Homestay Sister

Vicky lives in London, England. Last July, an American girl came to live with Vicky's family for a homestay. Her name was Emily, and she was from Boston. She gave everyone presents. Vicky's parents got chocolates, and Emily gave a toy car to Vicky's little brother. Vicky got a watch. It was cute. She said, "Thanks, Emily. You're really kind."

They took Emily to many places. In August, they went to Brighton Beach. It was crowded,* but the ocean* was beautiful. They took her to see Cambridge University in September. The old buildings were very beautiful. Emily said, "I want to study here someday.*"

Vicky and Emily became good friends. They played soccer and tennis together. Vicky taught Emily the way to play an English game called cricket.* Emily taught Vicky the way to play softball. Emily had to go back to America in October. Vicky was sad, but Emily said, "How about coming to America next year?"

*crowded: 混雑した
*ocean: 海
*someday: いつか
*called cricket: クリケットと呼ばれる

(1) Emily gave a watch to

    1 Vicky.

    2 Vicky's mom.

    3 Vicky's dad.

    4 Vicky's brother.

(1) ① ② ③ ④

(2) For Vicky, Emily was

    1 cute.

    2 kind.

    3 interesting.

    4 sad.

(2) ① ② ③ ④

(3) Emily wants to

    1 study at Cambridge.

    2 swim at Brighton Beach.

    3 live in an old building.

    4 have more English friends.

(3) ① ② ③ ④

(4) Vicky taught Emily the way of playing

    1 soccer.

    2 tennis.

    3 cricket.

    4 softball.

(4) ① ② ③ ④

(5) When did Emily go home?

    1 In July.

    2 In August.

    3 In September.

    4 In October.

(5) ① ② ③ ④

DATA
●ワード数：154 words
●目標解答時間： 8分

次の英文の内容に関して，(1) から (5) までの質問に対する答えとして最も適切なものを 1, 2, 3, 4 の中から一つ選び，その番号のマーク欄をぬりつぶしなさい。

*The Amusement Park**

On Wednesday, Mark's mother said, "We'll go to Super World amusement park on Sunday." Mark asked, "Can I bring my friend Anton?" Mark's mother said, "It's OK." Mark called Anton and invited him. Anton was busy on Sunday, so they made a plan to go on Saturday.

Mark was excited on Friday night. He could not sleep well. He got up at 6:30 on Saturday morning, so he was tired. Mark and his mother got in the car at 7:45 and drove to Anton's house. They got there at 8:00. Then, they drove to the amusement park. It opened at 9:00.

First, they went on go-carts.* Then, they waited to go on the rollercoaster.* It was the most popular ride, so they had to wait for one hour. They were scared* but it was also fun! Then, they went on the bumper cars* and the pirate ship.* It was a great day.

*amusement park: 遊園地
*go-carts: ゴーカート
*rollercoaster: ジェットコースター
*scared: 怖がって
*bumper car: バンパーカー
*pirate ship: 海賊船

(1) What did Mark want to do?

   1 Go to Super World with Anton.

   2 Drive to Super World.

   3 Play at Anton's house.

   4 Bring Anton to his house.

(1) ① ② ③ ④

(2) How did Mark feel on Friday night?

   1 Excited.

   2 Tired.

   3 Scared.

   4 Sad.

(2) ① ② ③ ④

(3) When did Mark go to the amusement park?

   1 On Wednesday.

   2 On Friday.

   3 On Saturday.

   4 On Sunday.

(3) ① ② ③ ④

(4) What time did they get to Anton's house?

   1 At 6:30.

   2 At 7:45.

   3 At 8:00.

   4 At 9:00.

(4) ① ② ③ ④

(5) Which ride was the most popular?

   1 The go-carts.

   2 The rollercoaster.

   3 The bumper cars.

   4 The pirate ship.

(5) ① ② ③ ④

Unit 20

⇒本冊 p.174 ～ 183

DATA
●ワード数：156 words
●目標解答時間： 8分

次の英文の内容に関して，（1）から（5）までの質問に対する答えとして最も適切なもの，または文を完成させるのに最も適切なものを 1, 2, 3, 4 の中から一つ選び，その番号のマーク欄をぬりつぶしなさい。

The Trenton Tigers

Eva is a high school student. She is a fan of the Trenton Tigers baseball team. She reads about the team in sports magazines, and she watches their games on TV. Last Tuesday afternoon, she heard news on the radio. "The Trenton Tigers will hold a special event. They will give away* free T-shirts at the next game." Eva said to her friend Olivia, "Let's go to see the Tigers on Saturday night." Olivia said,"It is a good idea."

Eva's mother drove them to the game in her car. At the gate, they got their free T-shirts. Then, they went to their seats. The seats were not good, so they could not see the players well. Eva was a little sad.

But the game was exciting. Eva ate two hot dogs. Olivia ate a hamburger. The Tigers won the game. The final score was five to three. Eva and Olivia were very happy.

*give away: 配布する

(1) How did Eva learn about the special event?

1   On TV.

2   On the radio.

3   In a magazine.

4   From a friend.

(1) ① ② ③ ④

(2) When was the game?

1   On Tuesday afternoon.

2   On Tuesday night.

3   On Saturday afternoon.

4   On Saturday night.

(2) ① ② ③ ④

(3) Who drove the car?

1   Eva.

2   Olivia.

3   Eva's mother.

4   Olivia's mother.

(3) ① ② ③ ④

(4) Eva was a little sad because

1   she could not get a T-shirt.

2   their seats were not good.

3   the game was boring.

4   the Tigers did not win.

(4) ① ② ③ ④

(5) How many points did the Tigers get?

1   One.

2   Two.

3   Three.

4   Five.

(5) ① ② ③ ④

英語4技能 リーディング ハイパートレーニング

東進ハイスクール講師 **安河内哲也**

ハーバード大学
教育学大学院修士 **アンドリュー・ロビンス** [監修]

1

長文読解　超基礎編

桐原書店

　本書は４技能のうち，リーディング力を高めることを主目的としています。さらに，**音声を活用してリーディングを学ぶことにより，同時にリスニングの力をのばすこと**をねらいます。

　リーディングとリスニングを融合（ゆうごう）して学習することには多くの利点があります。耳と口と目をフル活用して英語を学ぶことで，相互（そうご）に助け合いそれぞれの技能を支え合うのです。たとえば，音声を耳で聞いて，口を動かしながら読むことによって，英語をそのまま左から右へと理解する最高の読解訓練ができます。また，学習が終了し，理解できるようになった英文を耳で聞くことにより，語い，表現，内容を保持するための復習が容易にできるわけです。

　このように，リーディングをリスニングと組み合わせて学ぶことにより，学習効果は何倍にもなります。４技能の英語をマスターするためには，４技能を別々に学ぶのではなく，いっしょに学んでいくことが大切なのです。

　本書で訓練するリーディングの内容や語いは，スピーキングやライティングのネタとしても使えるでしょう。このように，内容を４技能で使い回すことにより，将来も役に立つスピード感のある英語力を，みなさんが身につけることを願います。

安河内 哲也

本書の内容と使い方

問題（別冊）

CEFRと英検®のレベルに準（じゅん）拠（きょ）して作成された問題です。どのような試験にでも応用できる力を身につけるために，英問英答問題を中心としたオーソドックスなものとしています。

解答と解説

各設問について，対応する部分
などを示し，解答の根拠をわか
りやすく説明しています。解説
を読み，どう考えれば正解にい
たることができるのかを理解し
てください。
また，語句は長文の中で学んで
おぼえていくのが最良の勉強方
法です。本書には単語集として
の機能も持たせてあります。

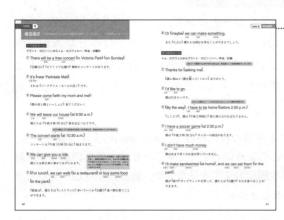

構造確認

各文章の構造を確認できるよう
にしました（くわしくはP.8～
9を参照）。
あくまでも，読みまちがえたと
きの確認のためのものであり，
自分でこのような作業をするこ
とを求めるものではありません。

サイトトランスレーション

英文をチャンク（かたまり）ご
とに分け，英語と日本語を左右
に分けて編集することにより，
英文を前から読むためのさまざ
まな練習を可能にしました。
後置修飾部分も「後から説明」
と考えながら，すばやく英文を
処理する練習をしてください。
最終的には，日本語を見ずに英
語が理解できることを目指しま
しょう。

和訳は英文を読む目的ではありませんが，読みまちがいがないかどうかの確認には便利です。本書ではできるだけ構造に忠実な和訳を心がけています。

本書に準拠した音声と練習用動画に関して

　本書の英文を使って，チャンクリピーティング，オーバーラッピング，シャドウイング，リスニングなどの練習ができるダウンロード音声と動画が準備されています。みなさんは，これらの音声や動画の画面を使って以下のような基礎訓練をし，リーディング力とリスニング力を向上させてください。

【リピーティング】

　チャンクごとに分けて読まれる英語の後に続けて，本や画面の文字を見ながら，英文を音読しましょう。また，このようにして，文字を見ながら英文の意味が理解できるようになったら，次は本や画面の文字を見ないで，音だけでリピートしながら意味を理解する訓練をしてみましょう。

【オーバーラッピング】

　テキストや画面の文字を見ながら，ネイティブスピーカーといっしょに音読してみましょう。その際，音だけに集中しすぎず，英文の意味を理解しようと努めましょう。

【シャドウイング】

　ネイティブスピーカーの音声から少しおくれて，耳だけでネイティブスピーカーの音声をまねてみましょう。非常に難しい訓練なので，できなくても心配する必要はまったくありませんが，一つの目標としてチャレンジしてみてください。

【リスニング】

　本や画面の文字を見ずに，英語だけを聞いて意味が理解できるか確認してみてください。100％理解できたら，その英文をマスターしたと言えるでしょう。その後も復習として，ラジオを聞く感覚で，文章を耳で聞いて，内容，語い，表現を忘れないようにしましょう。

4

　本シリーズの英文は，アンドリュー・ロビンス氏の監修のもと，作成されています。本書では，ロビンス氏が，日米のネイティブスピーカーのアイテムライターをチーム化し，英語学習者が力をのばすのにふさわしいレベルの多くの英文をプロデュースしました。本書の英文は，CEFR（ヨーロッパ言語参照枠）という国際的言語教育の枠組みに準拠して作成されています。

　この目的を達成するために，ロビンス氏は，語いレベルや構造レベルを色分けし，直感的なフィードバックを与えるソフトウェアを開発しました。このソフトウェアでは，一般に公表されている CEFR-J※の語いリストや，CEFR との準拠を公表している英検®などの，4 技能試験で出題頻度の高い語いを色別表示することができます。このことにより，アイテムライターは，使用している語いが当該の CEFR レベルにマッチするものなのかをつねに確認しながらライティング作業を進めることができるようになりました。

　しかしながら，このような機械によるアルゴリズム分析には大きな限界があります。それは，機械の判断では，文脈からの意味判定が非常に難しいということです。たとえば，free という形容詞が「自由な」という意味で使用された場合，CEFR-J では A1 のレベルですが，「ない」という意味で使用されている場合は，より高いレベルに分類されると考えられます。

　また，内容の選択に関しても，機械分析には限界があります。特定の予備知識を持っていなければ理解できないような素材は，基礎から学んでいる学生の学習素材として適しているとは言えません。そこで本書では，内容選択においても各種 4 技能試験に準拠し，一般的，基礎的な常識を備えていれば読めるものを選択しています。

　このように，本書の英文は，機械分析と熟練した編著者，アイテムライターを組み合わせ，CEFR レベルの準拠と等価を行い，ロビンス氏の監修のもとで作成されました。

※ CEFR-J：実質上の国際標準となっている CEFR を，日本のような環境に適合させるために開発された枠組み。レベル別の語いリストが一般に公表されている。

もくじ

　構造確認のページは，読みまちがえた場合にその原因を確認するためのものです。ただし，５文型や句や節の分類には何通りもの解釈があり，本書ではその一つを示しているにすぎません。これらの記号を使えなければならないということを意味しているわけではないので，このページを隅から隅まで学習する必要はありません。あくまでも，読みまちがえたときのための参考資料，一つの目安として使用するにとどめてください。

使用されている記号一覧

[　　]→ 名詞の働きをするもの（名詞，名詞句，名詞節）

〈　　〉→ 形容詞の働きをするもの（形容詞，形容詞句，形容詞節）

（　　）→ 副詞の働きをするもの（副詞，副詞句，副詞節）

⬚〈　　〉→ 形容詞の働きをするものが，後ろから名詞を修飾

名詞の働きをするもの

●動名詞

I like [watching baseball games].

私は [野球を見ること] が好きだ。

●不定詞の名詞的用法

[To see] is [to believe].

[見ること] は [信じること] である。

●that 節

I think [that she is right].

私は [彼女は正しい] と思う。

●前置詞＋名詞

Look at the girl 〈in a white dress〉.

〈白い服を着た〉女の子を見てごらん。

●不定詞の形容詞的用法

I have many friends 〈to help me〉.

私は〈私を助けてくれる〉たくさんの友人がいる。

同格の働きをするもの

※名詞に接続する同格節［句］は本来，名詞の働きをするものですが，本書で
は英文を理解しやすくするために，あえて〈　〉記号にしてあります。

●that 節

There is some hope 〈that he will win the race〉.

〈彼がそのレースに勝つという〉いくぶんの希望がある。

●カンマによる同格補足

We visited Osaka, 〈the big city in Japan〉.

私たちは〈日本の大都市である〉大阪を訪れた。

副詞の働きをするもの

●前置詞＋名詞

The sun rises (in the east).

太陽は (東から) のぼる。

●不定詞の副詞的用法

I was very glad (to hear the news).

私は (その知らせを聞いて) とてもうれしい。

●従属接続詞＋主語＋動詞

I want to bed early (because I was tired).

(私はつかれていたので) 早く寝たかった。

サイトトランスレーションについて ──センスグループの分け方──

　スラッシュなどで英文を区切るセンスグループの分け方には，明確なルールがあるわけではありませんが，基本的には 2 〜 5 語ほどの「意味のかたまり」でリズムよく分けていきます。大切なのは，「切る」という作業が目標になってしまわないことです。みなさんの目標は「読んでわかる」ことであり，切り方ばかりに集中するあまり，読むのが遅(おそ)くなってしまっては本末転倒(ほんまつてんとう)です。最初はおおざっぱに切り分けてどんどん読んでいき，徐々(じょじょ)に文法を意識した正確な切り方をおぼえていきましょう。

主語・動詞・目的語・補語の要素で切る

　主語・動詞・目的語・補語は文の最も基本的な要素なので，これらはセンスグループを切り分ける際にも非常に重要なヒントとなります。1 つの要素が 4 語や 5 語のような大きなものになる場合は，それを 1 つのセンスグループとするとよいでしょう。

He told me / a very interesting story.
主語 動詞 目的語　　　　目的語

彼は私に語った / とても興味深い話を

文頭の副詞や副詞句の後ろで切る

　文頭に副詞や副詞句が置かれる場合は，それらと主語の間では必ず切って読み進みましょう。文頭で副詞句の働きをするものとしては，前置詞句などが考えられます。

Because of the fire / we couldn't go home.
　　　前置詞句　　　　　主語　　　動詞

その火事のせいで　　　 / 　私たちは帰れなかった。

長い主語の後ろで切る

　主語の直後に長い修飾部分が続く場合は，その主語と述語動詞を切り分けて読むことが重要です。通常一拍置いて読まれ，少々強い切れ目となります。

The teachers / at my school / are very busy.
　　　主語　　　　　　　　前置詞句　　　　　　　　述部
先生たちは　　　　/ 私の学校の　　　/ とてもいそがしい。

前置詞や接続詞の前で切る

　前置詞や接続詞は直後に続く語句と結びついてかたまりを作るため，多くの場合，その直前で切って読みます。前置詞とその目的語の間で切ることはまずありません。

He stayed　　　/ in the house / during the afternoon.
主語　　動詞　　　　　　　前置詞句　　　　　　　　前置詞句
彼はとどまった　　/ 家の中に　　　/ 午後の間は

I like him　　　/ because he is kind and smart.
　　　主節　　　　　　　　　　副詞節
私は彼が好きだ　/ なぜなら彼は親切でかしこいから

カンマやセミコロンなどがある箇所で切る

　,（カンマ）は日本語の読点と似ていて，やはり一拍置いて読む箇所を示しています。当然，カンマのある箇所では切って読んでいきます。―（ダッシュ）や，;（セミコロン）などのマークの箇所でも切って読んでいきます。

She was born / in Beijing, 　　　/ the big city in China.
　　　主文　　　　前置詞＋名詞＋カンマ　　　　　　同格説明
彼女は生まれた　/ 北京で　　　　　/ 中国の大都市の

⇒別冊 p.5

解答と解説

解答

(1) ④ 　　(2) ④

解説

(1) 第 7 文に He will be home <u>at 7:00</u>. とあり，その前の文が父親からの電話の内容であることから，この He は Dad であるとわかる。正解は **4**。

設問・選択肢の和訳

(1) トッドの父親は何時に家に着くだろうか。
×**1**　5 時 50 分に。　　×**2**　6 時に。　　×**3**　6 時 10 分に。　　〇**4**　7 時に。

(2) 第 9 文に I will do it after dinner. とあり，この it はその前の文の my homework を指しているから，正解は **4**。

設問・選択肢の和訳

(2) 夕食のあと，トッドは何をするだろうか。
×**1**　ネコにエサをやる。　　×**2**　自分の部屋をそうじする。
×**3**　ブレントの家へ行く。　　〇**4**　宿題を終える。

語句

〈本文〉

□ gave ＜ give	（動）(give A B で) A に B を与える
□ also	（副）～も（また）
□ clean	（動）～をそうじする
□ watch TV	テレビを見る
□ leave	（動）去る，出発する
□ be home	家に帰る
□ call	（動）電話する

□ said ＜ say	（動）～と言う
□ have[has] to do	～しなければならない
□ late	（副）遅く
□ tonight	（副）今夜は
□ finish	（動）～を終える
□ homework	（名）宿題

〈設問・選択肢〉

□ get home	家に着く

構造確認 ※読みまちがえた部分の確認に使用してください。　　⇒別冊 p.5

> 文は「主語＋動詞＋さまざまな要素」で作られるのが基本です。「目的語」とは動詞の後ろにくる「〜を」「〜に」に当たる名詞です。1つの場合や2つの場合があります。

① I gave the cat his food.
　主語　動詞　　目的語　　　目的語

　僕はネコにエサをやりました。

> 動詞の形を変えることで，過去のことを表すことができます。clean という動詞は ed をつけることによって，cleaned という過去形になります。

② I (also) cleaned my room.
　主語　　　　　動詞　　　目的語

　僕は自分の部屋のそうじ（も）しました。

> will という単語が動詞の前についた場合は，未来に「…するつもりだ」という意味になります。

③ I will go (to Brent's house) (to watch TV).
　主語　動詞

　僕は（テレビを見に）（ブレントの家へ）行ってきます。

④ He has dinner (at 6:00), so I will leave (at 5:50).
　主語① 動詞① 目的語①　　　　　主語② 　動詞②

　彼は（6時に）夕食をとるので，僕は（5時50分に）（向こうを）出ます。

> be という動詞は「〜にいる」や「〜である」という意味を表すことができます。

⑤ I will be home (at 6:10).
　主語　動詞

　僕は（6時10分に）帰ります。

> call は ed をつけて過去形にします。また，say は said に変えて過去のことを表します。このように過去形には ed をつけて作るものと，単語の形が変わってしまうものがあります。

⑥ Dad called and said, "I have to work (late) (tonight)."
　主語① 　動詞①　　　　　動詞② 主語③　　動詞③

　お父さんが電話してきて言いました，「（今夜は）（遅くまで）仕事をしなければならない。」

⑦ He will be home (at 7:00).
　主語　　動詞

　彼（お父さん）は（7時に）家に帰ります。

13

⑧ I did not finish my homework.
　　主語　　　動詞　　　　　　目的語

　　僕は宿題を終えていません。

⑨ I will do it (after dinner).
　　主語　　動詞　目的語

　　僕はそれを（夕食のあとに）やります。

サイトトランスレーション

⇒別冊 p.5

Mom, /	お母さんへ
I gave /	僕は与えました
the cat /	ネコに
his food. //	エサを。
I also cleaned /	僕はそうじもしました
my room. //	自分の部屋を。
I will go /	僕は行ってきます
to Brent's house /	ブレントの家へ
to watch TV. //	テレビを見に。
He has dinner /	彼は夕食をとります
at 6:00, /	6時に,
so /	だから
I will leave /	僕は出ます
at 5:50. //	5時50分に。
I will be home /	僕は家に帰るでしょう
at 6:10. //	6時10分に。
Dad called /	お父さんが電話してきました
and said, /	そして言いました,
"I have to work /	「私は仕事をしなければならない
late tonight." //	今夜は遅くまで」と。

He will be home /	お父さんは家に帰るでしょう
at 7:00. //	7時に。
I did not finish /	僕は終えていません
my homework. //	宿題を。
I will do it /	僕はそれをやるつもりです
after dinner. //	夕食のあとに。
Todd //	トッド

Mom,

I gave the cat his food. I also cleaned my room. I will go to Brent's house to watch TV. He has dinner at 6:00, so I will leave at 5:50. I will be home at 6:10. Dad called and said, "I have to work late tonight." He will be home at 7:00. I did not finish my homework. I will do it after dinner.

Todd

お母さんへ

ネコにエサをやりました。自分の部屋のそうじもしました。テレビを見にブレントの家へ行ってきます。彼は6時に夕食をとるので、5時50分に向こうを出ます。6時10分に帰ります。お父さんが電話してきて「今夜は遅くまで仕事をしなければならない」と言っていました。お父さんは7時に帰ります。僕は宿題を終えていません。夕食のあとにやります。

トッド

解答と解説

解答

(1) ③　　(2) ③

解説

(1) Cost（費用）の項目に，$10 for adults とあるから，**3**が正解。

設問・選択肢の和訳

(1) 大人の試合参加費はいくらか。

× 1　2ドル。

× 2　5ドル。

○ 3　10ドル。

× 4　20ドル。

(2) 最後の文に Please bring sports shoes とあるから，**3**が正解。

設問・選択肢の和訳

(2) 人々は何を持ってこなければならないか。

× 1　ラケット。

× 2　ボール。

○ 3　運動ぐつ。

× 4　軽食。

語句

〈タイトル〉

☐ table tennis　(名) 卓球

☐ game　(名) 試合

〈本文〉

☐ sports center　スポーツセンター

☐ cost　(名) 費用

☐ prize　(名) 賞品

☐ gift card　商品券

☐ age　(名) 年齢

☐ welcome　(形) 歓迎される

☐ snack　(名) 軽食

☐ for sale　売り物の

☐ hot dog　ホットドッグ

☐ hamburger　(名) ハンバーガー

☐ cost　(動)(金額・費用が)かかる

☐ each　(副) それぞれ

☐ racket　(名) ラケット

☐ bring　(動) 〜を持ってくる

☐ sports shoes　運動ぐつ

☐ wear　(動) 〜を身につける, 着る, かぶる, はく

☐ gym　(名) 体育館

構造確認　※読みまちがえた部分の確認に使用してください。　⇒別冊 p.6

① All ages are welcome.
　　主語　　動詞　　補語

すべての年齢の人が歓迎されています（すべての年齢の方を歓迎します）。

> There ＋ be動詞＋名詞 は「～がある，いる」という意味を表すことができる文の形です。ここでは will が be の前にあることから，未来のことをいっているのだとわかります。

② There will be snacks 〈for sale〉.
　　　　　　動詞　　主語

〈販売される〉軽食があります。

③ Hot dogs and hamburgers will cost $2 (each).
　　　　　　　　主語　　　　　　　　　動詞　　目的語

ホットドッグとハンバーガーが（それぞれ（1個））2ドルです。

④ We have rackets and balls 〈for everyone〉.
　主語　動詞　　目的語

〈全員用の〉ラケットとボールがあります。

> for everyone のような「前置詞＋名詞」の形は，名詞にくっついて，その名詞を修飾することができます。

> to ＋動詞 の形のことを to 不定詞といいますが，これが名詞の後にくっついて，その名詞を修飾することもできます。

⑤ Please bring sports shoes 〈to wear (in the gym)〉.
　　　　　動詞　　目的語

〈（体育館で）はく〉運動ぐつを持ってきてください。

サイトトランスレーション

⇒別冊 p.6

Where: /	場所：
The Brentwood Sports Center /	ブレントウッドスポーツセンター
Cost: /	費用：
$5 /	5 ドル
for children, /	子供に対して,
$10 /	10 ドル
for adults /	大人に対して
Time: /	時間：
10 a.m. to 12 p.m. /	午前 10 時〜 12 時
Prize: /	賞品：
$20 gift card /	20 ドル商品券
from Sifton Books /	シフトン書店からの
All ages are welcome. //	全年齢の方を歓迎します。
There will be snacks /	軽食があります
for sale. //	売り物の。
Hot dogs and hamburgers /	ホットドッグとハンバーガーは
will cost /	します
$2 /	2 ドル
each. //	それぞれ。
We have /	あります

rackets and balls /	ラケットとボールが
for everyone. //	全員用に。
Please bring /	持ってきてください
sports shoes /	運動ぐつを
to wear /	はくための
in the gym. //	体育館で。

Table Tennis Games

Where: The Brentwood Sports Center
Cost: $5 for children, $10 for adults
Time: 10:00 a.m. to 12:00 p.m.
Prize: $20 gift card from Sifton Books

All ages are welcome. There will be snacks for sale. Hot dogs and hamburgers will cost $2 each. We have rackets and balls for everyone. Please bring sports shoes to wear in the gym.

卓球大会

場所：ブレントウッドスポーツセンター
費用：子供 5 ドル，大人 10 ドル
時間：午前 10 時～ 12 時
賞品：シフトン書店の 20 ドル商品券

全年齢の方を歓迎します。軽食の販売があります。ホットドッグとハンバーガーが 1 個 2 ドルです。全員用のラケットとボールがあります。体育館ではく運動ぐつを持ってきてください。

解答と解説

⇒別冊 p.7

解答

(1) ③   (2) ①

解説

(1) Opening Hours(開館時間)のところに Saturday and Sunday 9:00 a.m. —
7:00 p.m. とあるので，**3** が正解。

設問・選択肢の和訳

(1) 週末には博物館は何時に閉館するか。

×**1**　午後 5 時に。

×**2**　午後 6 時に。

○**3**　午後 7 時に。

×**4**　午後 9 時に。

(2) 第 2・3 文の The museum has a restaurant and a gift shop. They are
beside the children's playroom. から，**1** が正解。

設問・選択肢の和訳

(2) みやげ物店はどこにあるか。

○**1**　子供たちの遊び場のそば。

×**2**　劇場のそば。

×**3**　情報センターのそば。

×**4**　博物館の入口のそば。

語句

〈タイトル〉

□ train	(名) 電車, 列車
□ museum	(名) 博物館

〈本文〉

□ opening hours	開館時間
□ show a movie	映画を上映する
□ theater	(名) 劇場
□ restaurant	(名) レストラン
□ gift shop	みやげ物店
□ beside	(前) 〜のそばに
□ playroom	(名) 遊び場
□ for more information	より多くの情報を得るには, くわしくは
□ call	(動) 〜に電話する

〈設問・選択肢〉

□ close	(動) 閉まる
□ on weekends	週末に
□ information center	情報センター
□ entrance	(名) 入口

構造確認 ※読みまちがえた部分の確認に使用してください。 ⇒別冊 p.7

① (This month), we will show a movie 〈about Japanese trains〉
　　　　　　　主語　　動詞　　　　目的語
(in the theater). 動詞の前に will がある場合は，未来に「…するつもりである」ことを表しています。

（今月は），（劇場で）〈日本の列車に関する〉映画を上映します。

has[have] は「持っている」という意味の動詞ですが，ここでは
「～を備えている」「～がある」という意味で使われています。

② The museum has a restaurant and a gift shop.
　　　　主語　　　　動詞　　　目的語①　　　　　　　目的語②

博物館にはレストランとみやげ物店があります。

beside ～ は「～のそばに」という意味になります。

③ They are (beside the children's playroom).
　　主語　動詞

それらは（子供たちの遊び場のそばに）あります。

④ (For more information), call 555-2821.
　　　　　　　　　　　　　動詞　　目的語

（くわしくは），555-2821 にお電話ください。

サイトトランスレーション

⇒別冊 p.7

Opening Hours /	開館時間
Monday–Thursday /	月曜日〜木曜日
10:00 a.m.–5:00 p.m. /	午前 10 時〜午後 5 時
Friday /	金曜日
10:00 a.m.–6:00 p.m. /	午前 10 時〜午後 6 時
Saturday and Sunday /	土曜日・日曜日
9:00 a.m.–7:00 p.m. /	午前 9 時〜午後 7 時
This month, /	今月は,
we will show /	上映します
a movie /	映画を
about Japanese trains /	日本の列車に関する
in the theater. //	劇場で。
The museum has /	博物館にはあります
a restaurant and a gift shop. //	レストランとみやげ物店が。
They are /	それらはあります
beside the children's playroom. //	子供たちの遊び場のそばに。
For more information, /	くわしくは,
call 555-2821. //	555-2821 までお電話ください。

問題英文と全訳

Silverton Train Museum

Opening Hours

Monday–Thursday	10:00 a.m.–5:00 p.m.
Friday	10:00 a.m.–6:00 p.m.
Saturday and Sunday	9:00 a.m.–7:00 p.m.

This month, we will show a movie about Japanese trains in the theater. The museum has a restaurant and a gift shop. They are beside the children's playroom. For more information, call 555-2821.

シルバートン鉄道博物館

開館時間

月曜日～木曜日	午前10時～午後5時
金曜日	午前10時～午後6時
土曜日・日曜日	午前9時～午後7時

今月は，劇場で日本の列車に関する映画を上映します。博物館にはレストランとみやげ物店があります。それらは子供たちの遊び場のそばにあります。くわしくは，555-2821までお電話ください。

英語を声に出して読む習慣を身につけよう！

英語の勉強でとても大切なのが，**耳と口をたくさん使う**ということです。この本を勉強するときにも，付属の音声をたくさん聞き，それをまねてたくさん口を動かして発音することが大切です。英語の音は日本語の音と大きく違っていますから，練習するときには，**日本語のカタカナに当てはめようとしないでください。**むしろ，聞いたこともない，宇宙人の声のものまねをしているような気持ちで練習するとよいでしょう。また，英語を読むときには，歌を歌うように息をたくさん使いながら読んでみてください。そうすると，だんだん英語のリズムがつかめてきます。

さて，練習の方法ですが，まずはネイティブスピーカーの声を聞いて，英語の音を「観察」してみましょう。日本語のカタカナとは大きく違っているのに気がつくと思います。次に英語の音を，日本語とは関係ない，宇宙人や動物の鳴き声だと思ってまねしてください。そうしながら，どの文字がどの鳴き声に対応しているのかを確認します。何度もそれを繰り返しながら，ものまねをしながら，英語の意味を理解する訓練をしましょう。最初は日本語の意味を見ながらでかまいません。

次は，ネイティブスピーカーの音といっしょに（同時に）同じ音を出しながら，文字を見ながら，英語を読んでみましょう。その際に，**意味も考えながら読むの**がコツです。さらに，ネイティブスピーカーの声を聞きながら，文字を見ないで音をまねてみましょう。もちろん，文字がないと難しいと思いますので，これができなくても心配することはありません。ここまでできたらすごいことです。努力目標にしてみましょう。

ところで，この英語の勉強法は何かに似ていると思いませんか？ そう，歌をおぼえる方法にそっくりなのです。英語の勉強法になやんだときは，「歌をおぼえるときのやり方で」とおぼえておいてください。歌をおぼえるときには，歌手の歌い方を研究し，まねて歌い，いっしょに歌い，歌詞カードを見たり見なかったりしながら，最後には自分だけで歌えるようにしていきますね。それと同じことを英語でもやればよいのです。

⇒別冊 p.8

解答と解説

解答

(1) ④   (2) ①

解説

(1) Time（時間）の項目に 7:00 p.m. to <u>8:30 p.m.</u> とあるから，**4** が正解。

設問・選択肢の和訳

(1)『ロンドンで迷って』は何時に終わるだろうか。

× **1**　午後4時に。

× **2**　午後5時に。

× **3**　午後7時に。

○ **4**　午後8時30分に。

---

(2) 6月16日の午後5時〜午後7時については，第2文に <u>You can also buy tickets at the theater</u> on June 16 from 5:00 p.m. to 7:00 p.m. とあるから，**1** が正解。

設問・選択肢の和訳

(2) 6月16日の午後5時から午後7時に，人々は…ことができる

○ **1**　劇場でチケットを買う。

× **2**　『ロンドンで迷って』を見る。

× **3**　演劇部の練習を見る。

× **4**　劇場のツアーに行く。

語句

〈タイトル〉

☐ drama	(名) 演劇
☐ club	(名) 部，同好会
☐ performance	(名) 公演
☐ lost	(形) 道に迷って

〈本文〉

☐ theater	(名) 劇場
☐ ticket	(名) チケット
☐ price	(名) 料金
☐ sell	(動)〜を売る，販売する
☐ until	(前) 〜まで
☐ also	(副) 〜も（また）
☐ buy	(動) 〜を買う

〈設問・選択肢〉

☐ end	(動) 終わる
☐ practice	(名) 練習
☐ go on a tour	ツアー（館内めぐり）に行く

構造確認 ※読みまちがえた部分の確認に使用してください。　⇒別冊 p.8

① Members 〈of the drama club〉 will sell tickets (until June 15 at
　　　　　　　　　主語　　　　　　　　　　　　　　　　動詞　　　目的語

4:00 p.m.)

> until ~は「~まで」という意味です。その時までずっと継続していることを表します。

〈演劇部の〉メンバーが (6月15日の午後4時まで) チケットを販売します。

② You can (also) buy tickets (at the theater) (on June 16) (from
　　主語　動詞　　　　　　目的語

5:00 p.m. to 7:00 p.m.)

> at, on, from のような単語を前置詞と呼びます。これらは後ろに名詞をともなって，動詞を修飾する部分を作ることができます。

(6月16日の) (午後5時から午後7時までは) (劇場で) チケットを買うこと (も) できます。

サイトトランスレーション

⇒別冊 p.8

Lost in London /	『ロンドンで迷って』
Date: /	日程：
June 16 /	６月 16 日
Time: /	時間：
7:00 p.m. to 8:30 p.m. /	午後 7 時～午後 8 時 30 分
Place: /	場所：
The Wintergreen Theater /	ウィンターグリーン劇場
Ticket Price: /	チケット料金：
$8 /	8 ドル
Members of the drama club /	演劇部のメンバーが
will sell /	売ります
tickets /	チケットを
until June 15 /	６月 15 日まで
at 4:00 p.m. //	午後 4 時。
You can also buy /	買うこともできます
tickets /	チケットを
at the theater /	劇場で
on June 16 /	６月 16 日の
from 5:00 p.m. to 7:00 p.m. //	午後 5 時から午後 7 時まで。

Drama Club Performance

Lost in London

Date: June 16
Time: 7:00 p.m. to 8:30 p.m.
Place: The Wintergreen Theater
Ticket Price: $8

Members of the drama club will sell tickets until June 15 at 4:00 p.m. You can also buy tickets at the theater on June 16 from 5:00 p.m. to 7:00 p.m.

演劇部公演
ロンドンで迷って

日程：6月16日
時間：午後7時～8時30分
場所：ウィンターグリーン劇場
チケット料金：8ドル

演劇部のメンバーが6月15日の午後4時までチケットを販売します。6月16日の午後5時から午後7時までは劇場で買うこともできます。

英語を学ぶときに大切なのが，英文法とのつきあい方です。日本人にとって英語は外国語なので，やはり英文法を学ぶことは大切です。でも，英文法の学習が目的になってしまってはいけません。英文法はあくまでも，英語の4技能を使いこなすためのルールとして学ぶものです。ピアノの練習にたとえてみましょう。ピアノがひけるようになるためには，楽譜の勉強は必須ですが，楽譜ばかりながめていてもピアノはひけるようになりませんよね。楽譜のルールにしたがって，実践してみることが重要なのです。

この本でも，みなさんが英文法を理解したうえで英語が読めるようになるために「構造確認」というページを設けています。しかし，英語の場合，これらの構造が完全に理解できなければならないということではありません。**意味を取りちがえない程度に理解できれば十分**です。まだよくわからない形があった場合，無理をして今それを理解しなければならないと考えるのではなく，単語をつなぎ合わせて理解できていれば，今はそれで大丈夫だと考えてください。英文法の学習のステージが上がっていったとき，読み直したり聞き直したりすると，そういうことだったのかとわかるようになるでしょう。

英文法に関しては，完璧主義におちいってしまうと，そればかりに時間を取られてしまい，大切な練習がおろそかになってしまう可能性があります。練習と並行して少しずつ学んでいきましょう。そして，英文法を学ぶときには，ルールを暗記するというよりは，例文の中で使いながらおぼえていくことが重要です。いつも，使うことを意識して学びましょう。

この本の「構造確認」のページは，隅から隅まで読んで勉強するためのものではなく，電化製品のマニュアルと同じで，わからないところだけチョコチョコと見て確認するためのものです。みなさんが英文をこのように細かく分析できなければならないという意味ではありません。あくまでも資料として使ってくださいね。

解答と解説

解答

(1) ④   (2) ④

解説

(1) When（日程）の項目に Monday, ... to Sunday とあり，Time（時間）の項目に Saturday and Sunday from 9:00 a.m. to 8:00 p.m. とあるので，**4** が正解。

設問・選択肢の和訳

(1) セールはいつ終わるか。

×**1**　月曜日の朝。　×**2**　月曜日の晩。　×**3**　日曜日の朝。　○**4**　日曜日の晩。

(2) 第3文の Every toy car comes with a free coloring book! から，**4** が正解。

設問・選択肢の和訳

(2) 何を無料でもらうことができるか。

×**1**　おもちゃの電車。　　×**2**　サッカーボール。

×**3**　バスケットボール。　　○**4**　ぬりえ（の本）。

語句

〈タイトル〉

□ one-week	（形）1週間の
□ sale	（名）セール，特売
□ toy	（名）おもちゃ

〈本文〉

□ train	（名）電車，列車

□ each	（副）それぞれ
□ come with ～	～をともなう
□ free	（形）無料の

〈設問・選択肢〉

□ end	（動）終わる
□ for free	無料で

構造確認 ※読みまちがえた部分の確認に使用してください。 ⇒別冊 p.9

> be 動詞は，主語と be 動詞の後ろにくる言葉とをイコールでつなぐことができます。
> ここでは，Toy trains = 30% off という関係が成り立ちます。

① Toy trains will be 30% off.
　　主語　　　動詞　　　補語

おもちゃの電車は 30 パーセント引きです。

② Soccer balls and basketballs will be $20 (each).
　　　　　　主語　　　　　　　動詞　　補語

サッカーボールとバスケットボールは (それぞれ (1 個)) 20 ドルです。

> every ~は「あらゆる~」という意味です。これは単数名詞として扱うため，
> 動詞には comes というように，三単現の s がついています。

③ Every toy car comes (with a free coloring book)!
　　主語　　　　　動詞

すべてのおもちゃの車に (無料のぬりえ (の本) が付いて) きます！

サイトトランスレーション

⇒別冊 p.9

When: /	日程：
Monday, /	月曜日,
April 15 /	4月15日
to Sunday, /	日曜日まで,
April 22 /	4月22日
Time: /	時間：
Monday to Friday /	月曜日～金曜日
from 10:00 a.m. to 7:00 p.m. /	午前10時～午後7時
Saturday and Sunday /	土曜日・日曜日
from 9:00 a.m. to 8:00 p.m. /	午前9時～午後8時
Toy trains will be /	おもちゃの電車はなります
30% off. //	30パーセント引きに。
Soccer balls and basketballs will be /	サッカーボールとバスケットボールはなります
$20 /	20ドルに
each. //	それぞれ。
Every toy car comes /	すべてのおもちゃの車にきます
with a free coloring book! //	無料のぬりえ（の本）が付いて！

One-Week Sale at Glendale Toys!

When: Monday, April 15 to Sunday, April 22

Time: Monday to Friday from 10:00 a.m. to 7:00 p.m.
　　　　Saturday and Sunday from 9:00 a.m. to 8:00 p.m.

Toy trains will be 30% off. Soccer balls and basketballs will be $20 each. Every toy car comes with a free coloring book!

グレンデールおもちゃ店の１週間のセール！

日程：４月 15 日（月）～４月 22 日（日）

時間：月曜日～金曜日 午前 10 時～午後７時
　　　土曜日・日曜日 午前９時～午後８時

おもちゃの電車は 30 パーセント引きです。サッカーボールとバスケットボールは１個 20 ドルです。すべてのおもちゃの車に無料のぬりえ（の本）が付きます！

⇒別冊 p.10 ～ 11

解答と解説

解答

(1) ①　　(2) ③　　(3) ④

解説

(1) 1つめのメール（デイビッドのメール）の第3文に On Wednesday, we'll take a tour bus to Yokohama. とあるので，**1** が正解。

設問・選択肢の和訳

(1) デイビッドはいつ横浜に行くだろうか。

○**1**　水曜日に。　　×**2**　木曜日に。　　×**3**　土曜日に。　　×**4**　日曜日に。

---

(2) 1つめのメール（デイビッドのメール）の第4文に we'll take an airplane to Osaka とあるので，**3** が正解。

設問・選択肢の和訳

(2) デイビッドはどうやって大阪に行くだろうか。

×**1**　電車で。　　×**2**　バスで。　　○**3**　飛行機で。　　×**4**　タクシーで。

---

(3) 2つめのメール（デイビッドの母親カレンのメール）の第3文に I liked eating miso soup. とあるので，**4** が正解。

設問・選択肢の和訳

(3) デイビッドの母親は日本でどんな食べ物を楽しんだか。

×**1**　天ぷら。　　×**2**　寿司。　　×**3**　神戸牛。　　○**4**　みそ汁。

語句

〈1 つめのメール〉

- [ ] school trip　　修学旅行
- [ ] took ＜ take　　(動) ～に乗る
- [ ] taxi　　(名) タクシー
- [ ] airport　　(名) 空港
- [ ] tour bus　　観光バス
- [ ] then　　(副) それから
- [ ] train　　(名) 電車, 列車
- [ ] really　　(副) 本当に
- [ ] beef　　(名) 牛肉

〈2 つめのメール〉

- [ ] have fun　　楽しむ
- [ ] ago　　(副) ～前に
- [ ] like ～ing　　～することが好きだ
- [ ] eat　　(動) ～を食べる
- [ ] miso soup　　みそ汁
- [ ] visit　　(動) ～を訪ねる
- [ ] place　　(名) 場所
- [ ] hope (that) ～　　～であればよいと思う, ～ということを望む
- [ ] enjoy　　(動) ～を楽しむ
- [ ] e-mail　　(動) ～に E メールを送る
- [ ] again　　(副) 再び
- [ ] soon　　(副) すぐに

〈設問・選択肢〉

- [ ] get to ～　　～に着く

構造確認　※読みまちがえた部分の確認に使用してください。　⇒別冊 p.10 〜 11

1 つめのメール

デイビッド・シルバーマンからカレン・シルバーマンへ／件名：日本への修学旅行

① Today is Sunday, and our class is (in Tokyo) (now).
主語①　動詞①　補語①　　　　主語②　動詞②

今日は日曜日で，僕たちのクラスは (今) (東京に) います。

> take の過去形は took です。take にはいろいろな意味がありますが，ここでは「(乗り物に) 乗る」という意味で使われています。

② I took a Japanese taxi (from the airport) (today).
主語　動詞　　　目的語

僕は (今日) (空港から) 日本のタクシーに乗りました。

> we will を短縮すると，we'll という形になります。このように何かを短縮した形では，ふつう短縮した部分に '（アポストロフィー）が打たれます。

③ (On Wednesday), we'll take a tour bus (to Yokohama).
主語　動詞　目的語

(水曜日に)，僕たちは (横浜まで) 観光バスに乗ります。

④ (On Thursday), we'll take an airplane (to Osaka).
主語　動詞　目的語

(木曜日に)，僕たちは (大阪まで) 飛行機に乗ります。

⑤ (Then), (on Saturday), we'll take the train (to Hiroshima).
主語　動詞　目的語

(それから)，(土曜日に)，僕たちは (広島まで) 電車に乗ります。

⑥ I love Japanese food.
主語　動詞　目的語

僕は日本食が大好きです。

⑦ I (really) like tempura.
主語　動詞　目的語

僕は天ぷらが (本当に) 好きです。

42

⑧ Philip likes Kobe beef and sushi.
　　主語　　動詞　　　　　　　目的語

フィリップは神戸牛と寿司が好きです。

⑨ Do you like Japanese food?
　　動詞　主語　　　　　目的語

あなた（お母さん）は日本食が好きですか？

2つめのメール

カレン・シルバーマンからデイビッド・シルバーマンへ／件名：楽しんで！

> I'm gladの後ろには「主語＋動詞」を続けることができ，「～が…してうれしい」という意味になります。

① I'm glad you like Japan.
　主語 動詞　補語　主語' 動詞' 目的語'

あなたが日本を好きでうれしいです。

② I went (there) (five years ago).
　主語　動詞

私は (5年前に)(そこへ) 行きました。

> 動詞の ing 形にはいろいろな使い方がありますが，「～すること」という意味で，動詞に名詞の働きをさせることもできます。これを動名詞といいます。

③ I liked [eating miso soup].
　主語　動詞　　　　目的語

私は [みそ汁を飲むの] が好きでした。

④ I visited Osaka, (too).
　主語　　動詞　　目的語

私 (も) 大阪を訪れました。

⑤ It was a nice place.
　主語　動詞　　補語

それはよい場所でした。

⑥ I hope [you will enjoy your trip].

目的語

主語 動詞　　主語'　　　動詞'　　　目的語'

私は［あなたが旅を楽しむこと］を願っています。

⑦ Please e-mail me (again) (soon).

動詞　目的語

（また）（すぐに）私にメールしてください。

サイトトランスレーション

⇒別冊 p.10 ～ 11

1 Hi Mom, /	こんにちは，お母さん，
Today is Sunday, /	今日は日曜日です，
and our class is /	そして僕たちのクラスはいます
in Tokyo /	東京に
now. //	今。
I took /	僕は乗りました
a Japanese taxi /	日本のタクシーに
from the airport /	空港から
today. //	今日は。
On Wednesday, /	水曜日に，
we'll take /	僕たちは乗ります
a tour bus /	観光バスに
to Yokohama. //	横浜まで。
On Thursday, /	木曜日に，
we'll take /	僕たちは乗ります
an airplane /	飛行機に
to Osaka. //	大阪まで。
Then, /	それから，
on Saturday, /	土曜日に，
we'll take /	僕たちは乗ります

the train /	電車に
to Hiroshima. //	広島まで。
I love /	僕は大好きです
Japanese food. //	日本食が。
I really like /	僕は本当に好きです
tempura. //	天ぷらが。
Philip likes /	フィリップは好きです
Kobe beef and sushi. //	神戸牛と寿司が。
Do you like /	お母さんは好きですか
Japanese food? //	日本食を。
Love, /	ではまた,
David //	デイビッド
2 Hi David, /	こんにちは, デイビッド,
I'm glad /	私はうれしいです
you like /	あなたが好きで
Japan. //	日本を。
I went /	私は行きました
there /	そこへ
five years ago. //	5年前に。
I liked /	私は好きでした
eating miso soup. //	みそ汁を飲むのが。
I visited /	私は訪れました

Osaka, too. //	大阪を，（あなたと）同様に。
It was /	それは…でした
a nice place. //	よい場所。
I hope /	私は願っています
you will enjoy /	あなたが楽しむことを
your trip. //	旅行を。
Please e-mail /	メールしてください
me /	私に
again soon. //	またすぐに。
Love, /	またね，
Mom //	ママ

From: David Silverman
To: Karen Silverman
Date: August 10
Subject: School trip to Japan

Hi Mom,
Today is Sunday, and our class is in Tokyo now. I took a Japanese taxi from the airport today. On Wednesday, we'll take a tour bus to Yokohama. On Thursday, we'll take an airplane to Osaka. Then, on Saturday, we'll take the train to Hiroshima. I love Japanese food. I really like tempura. Philip likes Kobe beef and sushi. Do you like Japanese food?
Love,
David

From: Karen Silverman
To: David Silverman
Date: August 10
Subject: Have fun!

Hi David,
I'm glad you like Japan. I went there five years ago. I liked eating miso soup. I visited Osaka, too. It was a nice place. I hope you will enjoy your trip. Please e-mail me again soon.
Love,
Mom

送信者：デイビッド・シルバーマン

受信者：カレン・シルバーマン

日付：8月10日

件名：日本への修学旅行

こんにちは，お母さん

今日は日曜日で，僕たちのクラスは今東京にいます。今日は空港から日本のタクシーに乗りました。水曜日は横浜まで観光バスに乗ります。木曜日は大阪まで飛行機に乗ります。それから，土曜日は広島まで電車に乗ります。僕は日本食が大好きです。天ぷらが本当に好きです。フィリップは神戸牛と寿司が好きです。お母さんは日本食が好きですか？

ではまた，

デイビッド

送信者：カレン・シルバーマン

受信者：デイビッド・シルバーマン

日付：8月10日

件名：楽しんで！

こんにちは，デイビッド

あなたが日本を好きでうれしいです。私は5年前にそこへ行きました。私はみそ汁を飲むのが好きでした。私も大阪を訪れました。そこはよいところでした。あなたが旅行を楽しめるといいなと思っています。またすぐ私にメールしてください。

またね，

ママ

解答と解説

解答

(1) ①　　(2) ④　　(3) ①

解説

(1) 1つめのメール(ジュリアから祖母へのメール)の第2文に You cooked hamburgers on Saturday. とあるので，**1**が正解。

設問・選択肢の和訳

(1) 祖母は土曜日に何を作ったか。

○**1**　ハンバーガー。　×**2**　ケーキ。　×**3**　マフィン。　×**4**　チョコレート。

(2) 2つめのメール(ジュリアの祖母サマンサからジュリアへのメール)の第3文に I will come to your house again <u>next month</u>. とあるので，**4**が正解。

設問・選択肢の和訳

(2) 祖母は次回はいつジュリアに会うだろうか。

×**1**　土曜日に。　×**2**　明日。　×**3**　来週。　○**4**　来月。

(3) 2つめのメール(ジュリアの祖母サマンサからジュリアへのメール)の第4文に Let's <u>go swimming</u>. とあるので，**1**が正解。

設問・選択肢の和訳

(3) 次回にジュリアと祖母は…だろう

○**1**　泳ぎに行く。　　　×**2**　さくらんぼを買う。

×**3**　家をそうじする。　×**4**　公園でゲームをする。

語句

〈1つめのメール〉

□ thanks for 〜	〜をありがとう
□ cook	(動) 〜を料理する
□ hamburger	(名) ハンバーガー
□ great	(形) 最高だ，すばらしい
□ made < make	(動) 〜を作る
□ fun	(名) 楽しみ，おもしろいこと
□ cherry	(名) さくらんぼ
□ chocolate	(名) チョコレート
□ muffin	(名) マフィン

〈2つめのメール〉

□ visit	(名) 訪問
□ busy	(形) いそがしい
□ again	(副) 再び
□ go swimming	泳ぎに行く
□ pool	(名) プール

〈設問・選択肢〉

□ see	(動) 〜に会う
□ clean	(動) 〜をそうじする

構造確認　※読みまちがえた部分の確認に使用してください。　⇒別冊 p.12 ～ 13

1 つめのメール

ジュリア・グリーンからサマンサ・ブレークへ／件名：こんにちは，おばあちゃん

> coming のような動詞の ing 形は，名詞のような働きをすることができ，これを動名詞と呼びます。for のような前置詞の後ろには，ふつう名詞がきますが，この coming がその名詞の働きをしています。

① Thanks for [coming to my house (on Saturday and Sunday)].

　[(土曜日と日曜日に) 私の家に来てくれて] ありがとう。

② You cooked hamburgers (on Saturday).
　　主語　　　動詞　　　　　目的語

　(土曜日に) あなた (おばあちゃん) はハンバーガーを作ってくれました。

③ They were great.
　　主語　　動詞　　補語

　それらは最高でした。

④ I made a cake (with you) (on Sunday).
　主語　動詞　　目的語

　私は (日曜日に) (いっしょに) ケーキを作りました。

⑤ It was fun.
　主語　動詞　補語

　それは楽しかったです。

⑥ I love cherries ⟨on chocolate cake⟩!
　主語　動詞　　目的語

　私は《チョコレートケーキの上の》さくらんぼが大好きです！

⑦ I want to make muffins (with you) (next week).
　主語　動詞

　私は (来週は) (いっしょに) マフィンを作りたいと思っています。

2つめのメール

サマンサ・ブレークからジュリア・グリーンへ／件名：次の訪問

① <u>Yesterday</u> <u>was</u> <u>fun</u>!
　　主語　　　動詞　補語

昨日は楽しかった！

② Sorry, <u>I</u>'<u>m</u> <u>busy</u> (next week).
　　　　主語動詞　補語

ごめんなさい，私は（来週）いそがしいです。

③ <u>I</u> <u>will come</u> (to your house) (again) (next month).
　主語　　動詞

私は（来月）（また）（あなたの家へ）行くつもりです。

④ Let's <u>go</u> swimming.
　　　　動詞

泳ぎに行きましょう。

⑤ There <u>is</u> <u>a pool</u> (in Eastford Park).
　　　　動詞　　主語

（イーストフォード公園に）プールがあります。

⑥ <u>We</u> <u>can go</u> (there).
　主語　　動詞

（そこへ）行きましょう。

サイトトランスレーション

⇒別冊 p.12 〜 13

1 Dear Grandma, /	おばあちゃんへ,
Thanks /	ありがとう
for coming /	来てくれて
to my house /	私の家に
on Saturday and Sunday. //	土曜日と日曜日に。
You cooked /	おばあちゃんは作りました
hamburgers /	ハンバーガーを
on Saturday. //	土曜日に。
They were great. //	それらは最高でした。
I made /	私は作りました
a cake /	ケーキを
with you /	おばあちゃんといっしょに
on Sunday. //	日曜日に。
It was fun. //	それは楽しかったです。
I love /	私は大好きです
cherries /	さくらんぼが
on chocolate cake! //	チョコレートケーキの上の！
I want to make /	私は作りたいです
muffins /	マフィンを
with you /	おばあちゃんといっしょに

next week. //	来週は。
Love, /	じゃあね,
Julia //	ジュリア
2 Dear Julia, /	ジュリアへ,
Yesterday was fun! //	昨日は楽しかった！
Sorry, /	ごめんなさい,
I'm busy /	私はいそがしいです
next week. //	来週。
I will come /	私は行くつもりです
to your house /	あなたの家へ
again /	また
next month. //	来月。
Let's go /	行きましょう
swimming. //	泳ぎに。
There is a pool /	プールがあります
in Eastford Park. //	イーストフォード公園に。
We can go /	私たちは行けるでしょう
there. //	そこに。
Love, /	またね,
Grandma //	おばあちゃんより

From: Julia Greene
To: Samantha Blake
Date: May 28
Subject: Hi Grandma

Dear Grandma,
Thanks for coming to my house on Saturday and Sunday. You cooked hamburgers on Saturday. They were great. I made a cake with you on Sunday. It was fun. I love cherries on chocolate cake! I want to make muffins with you next week.
Love,
Julia

From: Samantha Blake
To: Julia Greene
Date: May 28
Subject: Next visit

Dear Julia,
Yesterday was fun! Sorry, I'm busy next week. I will come to your house again next month. Let's go swimming. There is a pool in Eastford Park. We can go there.
Love,
Grandma

送信者：ジュリア・グリーン

受信者：サマンサ・ブレーク

日付：5月28日

件名：こんにちは，おばあちゃん

おばあちゃんへ

土曜日と日曜日に私の家に来てくれてありがとう。土曜日におばあちゃんはハンバーガーを作ってくれました。それらは最高でした。日曜日にいっしょにケーキをりました。それは楽しかったです。私はチョコレートケーキの上のさくらんぼが大好きです！　来週はいっしょにマフィンを作りたいです。

じゃあね，

ジュリア

送信者：サマンサ・ブレーク

受信者：ジュリア・グリーン

日付：5月28日

件名：次の訪問

ジュリアへ

昨日は楽しかったわ！　ごめんなさい，来週はいそがしいの。来月，またあなたの家へ行きます。泳ぎに行きましょう。イーストフォード公園にプールがあります。そこへ行けますね。

またね，

おばあちゃん

解答と解説

解答

(1) ①　　(2) ②　　(3) ③

解説

(1) 1つめのメール（グラントのメール）の最初の文に There will be a free concert in Victoria Park on Sunday, 第 5 文に The concert starts at 10:30 a.m. とある。それに対するトムからの返信（2つめのメール）の第 2 文で，トムは I'd like to go. と答えているので，**1** が正解。

設問・選択肢の和訳

(1) グラントとトムは日曜日の午前中に何をするだろうか。
〇**1**　コンサートに行く。　　✕**2**　音楽を演奏する。
✕**3**　公園に歩いていく。　　✕**4**　モールで買い物をする。

(2) 1つめのメール（グラントのメール）の第 5 文に The concert starts at 10:30 a.m. とあるので，**2** が正解。

設問・選択肢の和訳

(2) コンサートは何時に始まるだろうか。
✕**1**　午前 9 時 30 分。　　〇**2**　午前 10 時 30 分。
✕**3**　午後 2 時。　　　　✕**4**　午後 2 時 30 分。

(3) 2つめのメール（トムのメール）の最後の文の I'll make sandwiches at home, and we can eat them in the park. から，**3** が正解。

設問・選択肢の和訳

(3) 昼食時間に，トムは…する計画だ
✕**1**　レストランに行く。　　✕**2**　公園で食べ物を買う。
〇**3**　サンドウィッチを食べる。　✕**4**　家に帰る。

語句

〈1つめのメール〉

□ free	(形) 無料の
□ concert	(名) コンサート
□ near	(前) 〜の近くに
□ mall	(名) (ショッピング) モール
□ leave	(動) 〜を出る
□ start	(動) 始まる
□ restaurant	(名) レストラン
□ buy	(動) 〜を買う
□ maybe	(副) たぶん

〈2つめのメール〉

□ plan	(名) 計画, 案
□ thanks for 〜	〜をありがとう
□ ask	(動) 〜に尋ねる, 頼む
□ by the way	ところで
□ have to do	〜しなければならない
□ be home	家に帰る
□ soccer game	サッカーの試合
□ not 〜 much ...	あまり多くの…を〜ない
□ sandwich	(名) サンドウィッチ
□ eat	(動) 〜を食べる

〈設問・選択肢〉

□ shop	(動) 買い物をする
□ lunchtime	(名) 昼食時間
□ plan to do	〜するつもりである
□ go home	家に帰る

構造確認 ※読みまちがえた部分の確認に使用してください。　⇒別冊 p.14 ～ 15

1つめのメール

グラント・ロビンソンからトム・ロスウェルへ／件名：日曜日

① There will be a free concert (in Victoria Park) (on Sunday).
　　　　動詞　　　　主語

（日曜日に）（ビクトリア公園で）無料のコンサートがあります。

② It's (near Parkdale Mall).
　主語 動詞

それは（パークデイル・モールの近く）です。

③ Please come (with my mom and me)!
　　　　動詞

（僕の母と僕といっしょに）来てください！

④ We will leave our house (at 9:30 a.m.)
　主語　　動詞　　目的語

僕たちは（午前9時30分に）家を出るつもりです。

> すでに確定している未来の予定は, will を使わず, 現在形で表すことができます。

⑤ The concert starts (at 10:30 a.m.)
　　主語　　　動詞

コンサートは（午前10時30分に）始まります。

⑥ We can give you a ride.
　主語　動詞　目的語 目的語

僕たちは君を車に乗せてあげられます。

> and や or のようなつなぎ言葉は，名詞と名詞だけでなく，動詞と動詞のように，さまざまな種類を並べて使うことができます。この文では，walk と buy という動詞が, or というつなぎ言葉によって並べられています。

⑦ (For lunch), we can walk (to a restaurant) or buy some food
　　　　　　　主語　動詞①　　　　　　　　　　　動詞②　　目的語②
(in the park).

（昼食は），僕たちは（レストランに）歩いていくか（公園で）食べ物を買うことができます。

⑧ Or (maybe) <u>we</u> <u>can make</u> <u>something</u>.
　　　　　　主語　　　　　動詞　　　　　　目的語

また (たぶん) 僕たちは何かを作ることができるでしょう。

2つめのメール

トム・ロスウェルからグラント・ロビンソンへ／件名：計画

> ask という動詞の ing 形である asking は, 動名詞として名詞の働きをしています。

① Thanks for [asking me].

[僕に尋ねて (僕を誘って) くれて] ありがとう。

② <u>I'd</u> <u>like to go</u>.
　　主語　　　動詞

僕は行きたいです。

> have to 動詞 は「…しなければならない」という意味の表現です。

③ (By the way), <u>I</u> <u>have to be</u> home (before 2:00 p.m.)
　　　　　　　　　主語　　　動詞

(ところで), 僕は (午後2時前に) 家に帰らなければなりません。

④ <u>I</u> <u>have</u> <u>a soccer game</u> (at 2:30 p.m.)
　　主語　動詞　　　目的語

僕は (午後2時30分に) サッカーの試合があります。

⑤ <u>I</u> <u>don't have</u> <u>much money</u>.
　　主語　　　動詞　　　　目的語

僕はあまり多くのお金を持っていません。

⑥ <u>I'll make</u> <u>sandwiches</u> (at home), and <u>we</u> <u>can eat</u> <u>them</u> (in the
　主語① 動詞①　　　目的語①　　　　　　　　　　　　主語②　　動詞②　　目的語②

park).

僕が (家で) サンドウィッチを作って, 僕たちは (公園で) それを食べることが
できます。

サイトトランスレーション

⇒別冊 p.14 〜 15

1 Hi Tom, /	こんにちは，トム，
There will be a free concert /	無料のコンサートがあります
in Victoria Park /	ビクトリア公園で
on Sunday. //	日曜日に。
It's /	それはあります
near Parkdale Mall. //	パークデイル・モールの近くに。
Please come /	来てください
with my mom and me! //	僕の母と僕といっしょに。
We will leave /	僕たちは出ます
our house /	家を
at 9:30 a.m. //	午前 9 時 30 分に。
The concert starts /	コンサートは始まります
at 10:30 a.m. //	午前 10 時 30 分に。
We can give you a ride. //	僕たちは君を車に乗せてあげられます。
For lunch, /	昼食は，
we can walk /	僕たちは歩いていくことができます
to a restaurant /	レストランに
or buy some food /	または食べ物を買う（ことができます）
in the park. //	公園で。
Or maybe /	またはたぶん

we can make /	僕たちは作ることができます
something. //	何かを。
Grant //	グラント
2 Hi Grant, /	こんにちは，グラント，
Thanks /	ありがとう
for asking me. //	僕を誘ってくれて。
I'd like to go. //	僕は行きたいです。
By the way, /	ところで，
I have to be home /	僕は家に帰らなければなりません
before 2:00 p.m. //	午後 2 時前に。
I have a soccer game /	僕はサッカーの試合があります
at 2:30 p.m. //	午後 2 時 30 分に。
I don't have /	僕は持っていません
much money. //	あまり多くのお金を。
I'll make /	僕が作ります
sandwiches /	サンドウィッチを
at home, /	家で，
and we can eat /	そして僕たちは食べられます
them /	それらを
in the park. //	公園で。
Tom //	トム

問題英文と全訳

From: Grant Robinson
To: Tom Rothwell
Date: August 1
Subject: Sunday

Hi Tom,
There will be a free concert in Victoria Park on Sunday. It's near Parkdale Mall. Please come with my mom and me! We will leave our house at 9:30 a.m. The concert starts at 10:30 a.m. We can give you a ride. For lunch, we can walk to a restaurant or buy some food in the park. Or maybe we can make something.
Grant

From: Tom Rothwell
To: Grant Robinson
Date: August 1
Subject: Plans

Hi Grant,
Thanks for asking me. I'd like to go. By the way, I have to be home before 2:00 p.m. I have a soccer game at 2:30 p.m. I don't have much money. I'll make sandwiches at home, and we can eat them in the park.
Tom

送信者：グラント・ロビンソン

受信者：トム・ロスウェル

日付：8月1日

件名：日曜日

こんにちは，トム

日曜日にビクトリア公園で無料のコンサートがあります。パークデイル・モールの近くです。僕の母と僕といっしょに来てください！　僕たちは午前9時30分に家を出ます。コンサートは午前10時30分に始まります。君を車に乗せてあげられます。昼食は，レストランに歩いていくか，公園で食べ物を買うことができます。または，たぶん何かを作ることもできるでしょう。

グラント

送信者：トム・ロスウェル

受信者：グラント・ロビンソン

日付：8月1日

件名：計画

こんにちは，グラント

僕を誘ってくれてありがとう。行きたいです。ところで，僕は午後2時前に家に帰らなければなりません。午後2時30分にサッカーの試合があります。僕はあまり多くのお金を持っていません。僕が家でサンドウィッチを作って，僕たちは公園でそれを食べることができますよ。

トム

解答と解説

解答

(1) ②　　(2) ②　　(3) ③

解説

(1) 1つめのメール (ターニャのメール) の第5文に My grandma gave me <u>a camera</u>. とあるので，**2** が正解。

設問・選択肢の和訳

(1) ターニャは誕生日に何をもらったか。
× **1**　ネコ。　　○ **2**　カメラ。
× **3**　自転車。　× **4**　サッカーボール。

---

(2) 1つめのメール (ターニャのメール) の第6文に I want to go to <u>the park</u> with you. とあるので，**2** が正解。

設問・選択肢の和訳

(2) ターニャは…へ行きたい
× **1**　バレーボールの練習。　○ **2**　公園。
× **3**　サッカー競技場。　　× **4**　祖母の家。

---

(3) 2つめのメール (ケリーのメール) の第2文の後半に I have to go to volleyball practice <u>on Sunday morning</u> とあるので，**3** が正解。

設問・選択肢の和訳

(3) ケリーはいつバレーボールの練習に行くだろうか。
× **1**　土曜日の午前中に。　× **2**　土曜日の午後に。
○ **3**　日曜日の午前中に。　× **4**　日曜日の午後に。

語句

〈1つめのメール〉

□ weekend	(名) 週末
□ thanks for 〜	〜をありがとう
□ birthday card	バースデーカード
□ drew < draw	(動)(絵を) 描く
□ picture	(名) 絵
□ really	(副) 本当に
□ be good at 〜	〜が上手だ
□ give A B	A に B をあげる
□ want to do	〜したい
□ ride a bike	自転車に乗る
□ then	(副) それから
□ take a photo	写真をとる
□ lots of 〜	たくさんの〜
□ free	(形)(時間が)あいている

〈2つめのメール〉

□ glad (that) 〜	〜なのでうれしい
□ have to do	〜しなければならない
□ practice	(名) 練習
□ excited	(形) 興奮して

〈設問・選択肢〉

□ stadium	(名) 競技場

構造確認 ※読みまちがえた部分の確認に使用してください。 ⇒別冊 p.16 ～ 17

1つめのメール

ターニャ・ジョーンズからケリー・マクマスターへ／件名：今週末

① Thanks for the birthday card.

バースデーカードをありがとう。

② You drew a cat (on it).
　主語　動詞　目的語

あなたは (それに) ネコ (の絵) を描いていました。

③ I like the picture.
　主語 動詞　　目的語

私はその絵が好きです。

④ You are (really) good (at drawing).
　主語　動詞　　　　　補語

あなたは (本当に) (絵を描くのが) 上手ですね。

giveという動詞は「AにBを与える」という意味で，目的語の名詞を2つとることができます。

⑤ My grandma gave me a camera.
　　主語　　　動詞　目的語　目的語

祖母が私にカメラをくれました。

want to 動詞 は「…したい」という意味の表現です。

⑥ I want to go (to the park) (with you).
　主語 動詞

私は (あなたと) (公園に) 行きたいです。

⑦ We can ride our bikes (there).
　主語　　動詞　　目的語

私たちは (そこへ) 自転車に乗って行くことができます。

⑧ (Then), we can take lots of photos (in the park).
　　　　　　　主語　　動詞　　　　　　目的語

(それから)，私たちは(公園で)たくさんの写真をとることができます。

⑨ I want to take photos ⟨of the soccer players⟩.
　　主語　動詞

私は⟨サッカー選手たちの⟩写真をとりたいです。

⑩ Are you free (on Saturday or Sunday)?
　　動詞　主語　補語

(土曜日か日曜日に)あなたは時間がありますか？

2つめのメール

ケリー・マクマスターからターニャ・ジョーンズへ／件名：行きましょう！

> I'm glad の直後には「主語＋動詞」を続けることができ，
> 「〜が…してうれしい」という文を作ることができます。

① I'm glad you liked the card.
　主語 動詞 補語　主語' 動詞'　　目的語'

あなたがカードを気に入ってくれてうれしいです。

② I have to help my family (on Saturday), and I have to go (to
　主語① 　動詞①　　目的語①　　　　　　　　　　主語② 　　動詞②

volleyball practice) (on Sunday morning).

私は(土曜日は)家族を手伝わなければならなくて，(日曜日の午前中は)(バ
レーボールの練習に)行かなければなりません。

③ I can go (to the park) (on Sunday afternoon).
　主語　動詞

私は(日曜日の午後に)(公園へ)行くことができます。

④ I'm excited!
　主語 動詞　補語

楽しみです！

サイトトランスレーション

⇒別冊 p.16 ~ 17

1 Hi Kelly, /	こんにちは，ケリー，
Thanks /	ありがとう
for the birthday card. //	バースデーカードを。
You drew /	あなたは描きました
a cat /	ネコを
on it. //	それに。
I like /	私は好きです
the picture. //	その絵を。
You are really good /	あなたは本当に上手です
at drawing. //	絵を描くのが。
My grandma gave /	祖母がくれました
me /	私に
a camera. //	カメラを。
I want to go /	私は行きたいです
to the park /	公園に
with you. //	あなたといっしょに。
We can ride /	私たちは乗っていくことができます
our bikes /	自転車に
there. //	そこへ。
Then, /	それから，
we can take /	私たちはとることができます

lots of photos /	たくさんの写真を
in the park. //	公園で。
I want to take /	私はとりたいです
photos /	写真を
of the soccer players. //	サッカー選手の。
Are you free /	あなたは時間がありますか
on Saturday or Sunday? //	土曜日か日曜日に。
Tanya //	ターニャ
② Hi Tanya, /	こんにちは，ターニャ，
I'm glad /	私はうれしいです
you liked /	あなたが気に入ってくれて
the card. //	カードを。
I have to help /	私は手伝わなければなりません
my family /	私の家族を
on Saturday, /	土曜日には，
and I have to go /	そして行かなければなりません
to volleyball practice /	バレーボールの練習に
on Sunday morning. //	日曜日の午前中には。
I can go /	私は行くことができます
to the park /	公園へ
on Sunday afternoon. //	日曜日の午後には。
I'm excited! //	私は楽しみです！
Kelly //	ケリー

From: Tanya Jones
To: Kelly McMaster
Date: September 23
Subject: This weekend

Hi Kelly,
Thanks for the birthday card. You drew a cat on it. I like the picture. You are really good at drawing. My grandma gave me a camera. I want to go to the park with you. We can ride our bikes there. Then, we can take lots of photos in the park. I want to take photos of the soccer players. Are you free on Saturday or Sunday?
Tanya

From: Kelly McMaster
To: Tanya Jones
Date: September 23
Subject: Let's go!

Hi Tanya,
I'm glad you liked the card. I have to help my family on Saturday, and I have to go to volleyball practice on Sunday morning. I can go to the park on Sunday afternoon. I'm excited!
Kelly

送信者：ターニャ・ジョーンズ

受信者：ケリー・マクマスター

日付：9月23日

件名：今週末

こんにちは，ケリー

バースデーカードをありがとう。あなたはそれにネコを描いてくれました。私はその絵が好きです。あなたは本当に絵を描くのが上手ですね。祖母が私にカメラをくれました。あなたと公園に行きたいです。そこへは自転車に乗って行けます。それから，公園でたくさんの写真をとれます。私はサッカー選手の写真をとりたいです。土曜日か日曜日，時間がありますか？

ターニャ

送信者：ケリー・マクマスター

受信者：ターニャ・ジョーンズ

日付：9月23日

件名：行きましょう！

こんにちは，ターニャ

カードを気に入ってくれてうれしいです。土曜日は家族を手伝わなければならなくて，日曜日の午前中はバレーボールの練習に行かなければなりません。日曜日の午後は公園へ行けます。楽しみです！

ケリー

⇒別冊 p.18 ～ 19

解答と解説

解答

(1) ①　　(2) ①　　(3) ④

解説

(1) 1つめのメール（アリスからスミカへのメール）の最後の文で Can you send me the recipe? と頼んでいるので，**1** が正解。

設問・選択肢の和訳

(1) スミカはアリスのために何をするだろうか。

○**1**　彼女にレシピを送る。　　×**2**　彼女に寿司を作る。

×**3**　彼女の家に滞在する。　　×**4**　彼女の宿題を手伝う。

---

(2) 2つめのメール（スミカからアリスへのメール）の第4文に Thank you for helping me with my language skills! とあり，この language はその前の文から English であるとわかるので，**1** が正解。

設問・選択肢の和訳

(2) スミカはアリスの助けで何をすることができるか。

○**1**　英語がより上手になれる。　　×**2**　科学と歴史を勉強できる。

×**3**　満点が取れる。　　×**4**　サッカーを練習できる。

---

(3) 2つめのメール（スミカのメール）の最後の文に I'm on the swim team now. とあるので，**4** が正解。

設問・選択肢の和訳

(3) 今年，スミカはどんなスポーツをしているか。

×**1**　サッカー。　　×**2**　野球。　　×**3**　バスケットボール。　　○**4**　水泳。

語句

〈1 つめのメール〉

☐ Hi there	やあ，こんにちは
☐ play a sport	スポーツをする
☐ have fun	楽しむ
☐ enjoy	(動) 〜を楽しむ
☐ together	(副) いっしょに
☐ delicious	(形) おいしい
☐ send	(動) (send A B で) A に B を送る
☐ recipe	(名) レシピ

〈2 つめのメール〉

☐ math	(名) 数学
☐ got < get	(動) 〜を得る
☐ perfect score	満点
☐ grade	(名) 成績，評価
☐ excellent	(形) すばらしい，優秀な

☐ thank you for 〜	〜をありがとう
☐ language skill	語学力，言語能力
☐ have to do	〜しなければならない
☐ science	(名) 科学
☐ history	(名) 歴史
☐ more	(副) もっと
☐ because	(接) 〜なので
☐ difficult	(形) 難しい
☐ change	(動) 〜を変える
☐ swim	(名) 水泳

〈設問・選択肢〉

☐ stay	(動) 滞在する
☐ get better at 〜	〜がより上手になる
☐ practice	(動) 〜を練習する

構造確認 ※読みまちがえた部分の確認に使用してください。　⇒別冊 p.18 〜 19

1 つめのメール

アリス・キャンベルからスミカ・キムラへ／件名：こんにちは

How is 〜？は「〜はどうですか」という意味で，何かの様子を尋ねる場合に使う表現です。

① How is school?
　　補語　動詞　　主語

学校はどうですか？

② Do you play any sports?
　動詞　主語　play　　目的語

あなたはスポーツをしていますか？

③ I played baseball (last year), but (this year) I will play
　主語①　動詞①　　目的語①　　　　　　　　　　　　　　　　主語②　　動詞②

basketball.
　目的語②

私は (去年) 野球をしましたが，（今年は）バスケットボールをするつもりです。

④ I had fun (at your house 〈in Japan〉).
　主語 動詞 目的語

私は（〈日本の〉あなたの家で）楽しかったです。

⑤ I enjoyed the food.
　主語　　動詞　　　目的語

私は食事を楽しみました。

⑥ We made sushi (together), and it was delicious.
　主語①　　動詞①　　目的語①　　　　　　　主語②動詞②　　補語②

私たちは (いっしょに) 寿司を作り，それはおいしかったです。

send という動詞は，「A に B を送る」という意味で，2 つの目的をとることができます。

⑦ Can you send me the recipe?
　動詞　主語　　　　目的語　　目的語

私にそのレシピを送ってもらうことはできますか？

2つめのメール

スミカ・キムラからアリス・キャンベルへ／件名：試験

① We had a math test (in school) today.
　　主語　動詞　　　　目的語

今日 (学校で) 数学の試験がありました。

② I got a perfect score.
　主語 動詞　　　　目的語

私は満点でした。

③ (Also), my grades 〈on my English tests〉 are excellent.
　　　　　　主語　　　　　　　　　　　　　　動詞　　補語

(また), 《私の英語の試験の》成績も最高です。

④ Thank you for [helping me (with my language skills)]!

[(私の語学力を (のばすのを)) 助けてくれて] ありがとう！

⑤ I have to study science and history (more) (because they're
　主語　　動詞　　　　目的語　　　　　　　　　　　　　　主語' 動詞'

difficult (for me)).
　補語'

> becauseというつなぎ言葉は, because 主語＋動詞 という形で「〜が…するので」という意味になり, 理由を表すことができます。

私は科学と歴史を (もっと) 勉強しなければなりません, (なぜならそれらは (私にとって) 難しいので)。

⑥ I changed sports, (too).
　主語　　動詞　　　目的語

私 (も), スポーツを変えました。

> この文での quit は過去形として使われています。quit という動詞は, ふつう過去形になっても形が変わりません。

⑦ I quit soccer.
　主語 動詞　　目的語

私はサッカーをやめました。

⑧ I'm (on the swim team) (now).
　　主語 動詞

　私は（今）（水泳チームに）います。

サイトトランスレーション

⇒別冊 p.18 ~ 19

1 Hi Sumika, /	こんにちは，スミカ，
How is school? //	学校はどうですか。
Do you play /	あなたはしていますか
any sports? //	スポーツを。
I played /	私はしました
baseball /	野球を
last year, /	去年,
but this year /	だけど今年は
I will play /	私はするつもりです
basketball. //	バスケットボールを。
I had fun /	私は楽しみました
at your house /	あなたの家で
in Japan. //	日本の。
I enjoyed /	私は楽しみました
the food. //	食事を。
We made /	私たちは作りました
sushi /	寿司を
together, /	いっしょに,
and it was delicious. //	そしてそれはおいしかったです。
Can you send /	送ってもらえますか

me /	私に
the recipe? //	レシピを。
Your friend, /	あなたの友人,
Alice //	アリス
2 Hi Alice, /	こんにちは, アリス,
We had /	私たちはありました
a math test /	数学の試験が
in school /	学校で
today. //	今日。
I got /	私は取りました
a perfect score. //	満点を。
Also, /	また,
my grades /	私の成績は
on my English tests /	英語の試験での
are excellent. //	最高です。
Thank you /	ありがとう
for helping me /	私を助けてくれて
with my language skills! //	私の語学力を（のばすのを）。
I have to study /	私は勉強しなければなりません
science and history /	科学と歴史を
more /	もっと
because /	なぜなら

they're difficult /	それらは難しいです
for me. //	私にとって。
I changed /	私は変えました
sports, too. //	スポーツを，（あなたと）同様に。
I quit /	私はやめました
soccer. //	サッカーを。
I'm on the swim team /	私は水泳チームにいます
now. //	今は。
Your friend, /	あなたの友人,
Sumika //	スミカ

From: Alice Campbell
To: Sumika Kimura
Date: April 20
Subject: Hi there

Hi Sumika,
How is school? Do you play any sports? I played baseball last year, but this year I will play basketball. I had fun at your house in Japan. I enjoyed the food. We made sushi together, and it was delicious. Can you send me the recipe?
Your friend,
Alice

From: Sumika Kimura
To: Alice Campbell
Date: April 21
Subject: Test

Hi Alice,
We had a math test in school today. I got a perfect score. Also, my grades on my English tests are excellent. Thank you for helping me with my language skills! I have to study science and history more because they're difficult for me. I changed sports, too. I quit soccer. I'm on the swim team now.
Your friend,
Sumika

送信者：アリス・キャンベル

受信者：スミカ・キムラ

日付：4月20日

件名：こんにちは

こんにちは，スミカ

学校はどうですか？　スポーツをしていますか？　私は去年は野球をしたけれど，今年はバスケットボールをします。日本のあなたの家では楽しかったです。食事を楽しみました。私たちはいっしょにお寿司を作り，それはおいしかったです。レシピを送ってもらえますか？

あなたの友人，

アリス

送信者：スミカ・キムラ

受信者：アリス・キャンベル

日付：4月21日

件名：試験

こんにちは，アリス

今日学校で数学の試験がありました。私は満点でした。また，私の英語の試験の成績もすばらしいです。私の語学力をのばすのを助けてくれてありがとう！　科学と歴史は私にとって難しいので，もっと勉強しなければなりません。私もスポーツを変えました。サッカーをやめました。今は水泳チームにいます。

あなたの友人，

スミカ

⇒別冊 p.20 ～ 21

解答と解説

解答

(1) ④　　(2) ③　　(3) ②　　(4) ②　　(5) ②

解説

(1) 第1段落の第2文に <u>Two months ago</u>, a new train museum opened in her city. とあるので，**4** が正解。

設問・選択肢の和訳

(1) いつ列車博物館は開業したか。

×1　1週間前。　×2　2週間前。　×3　1か月前。　○4　2か月前。

(2) 第1段落の第6文に <u>Rena</u> really enjoyed the big train diorama. とあるので，**3** が正解。

設問・選択肢の和訳

(2) 列車のジオラマが一番気に入ったのは誰か。

×1　アイラ。　×2　アイラの父親。　○3　リナ。　×4　リナの父親。

(3) 第2段落の第3文に Aira and Rena <u>wanted to volunteer</u>. とあり，そのあと博物館の職員と話していることから，**2** が正解。

設問・選択肢の和訳

(3) なぜアイラとリナは博物館の職員と話したのか。

×1　彼女たちは列車のシミュレータを楽しんだ。

○2　彼女たちはボランティア活動をしたかった。

×3　彼女たちは自由な時間を必要としていた。

×4　彼女たちはサッカーがするのが好きだった。

(4) 第2段落の最後の文のアイラの発言の中に We can work <u>on Saturday afternoons</u>. とあるので，**2** が正解。

設問・選択肢の和訳

(4) いつアイラとリナは博物館で働くか。

× **1**　毎週土曜日の午前中に。　○ **2**　毎週土曜日の午後に。

× **3**　毎週日曜日の午前中に。　× **4**　毎週日曜日の午後に。

(5) 第3段落の第3文に Rena is <u>a tour guide</u>. とあるので，**2** が正解。

設問・選択肢の和訳

(5) リナは何をしているか。

× **1**　彼女は受付で働いている。　○ **2**　彼女は人々に館内を案内している。

× **3**　彼女は列車をそうじしている。　× **4**　彼女は博物館のチケットを売っている。

語句

〈タイトル〉

□ train	(名) 列車，電車
□ museum	(名) 博物館

〈第1段落〉

□ ago	(副) ～前に
□ visit	(動) ～を訪れる
□ learn	(動) 学ぶ
□ history	(名) 歴史
□ take a photo	写真をとる
□ lots of ～	たくさんの～
□ really	(副) 本当に
□ enjoy	(動) ～を楽しむ
□ left < leave	(動) ～を去る
□ want to do	～したい
□ spend	(動) ～を過ごす

〈第2段落〉

□ then	(副) その後で
□ saw < see	(動) ～を見る
□ poster	(名) ポスター

□ volunteer	(名) ボランティア
	(動) ボランティア活動をする
□ talk to ～	～に [と] 話す
□ ask	(動) ～に尋ねる
□ free	(形) (時間が)あいている

〈第3段落〉

□ start	(動) ～を始める
□ information desk	受付
□ tour guide	ツアーガイド
□ tell ～ about ...	...について～に話す
□ feel lucky	幸運だと感じる
□ because	(接) ～なので
□ great	(形) すばらしい

〈設問・選択肢〉

□ give ～ tours	～を連れて案内する
□ clean	(動) ～をきれいにする
□ sell	(動) ～を販売する
□ ticket	(名) チケット

構造確認 ※読みまちがえた部分の確認に使用してください。　⇒別冊 p.20 ～ 21

第 1 段落

新しく開業した列車博物館を訪れたアイラとリナは，そこがとても気に入った。

① Aira loves trains.
　　主語　　動詞　　　目的語

アイラは列車が大好きだ。

~ ago は「～前」という意味で，過去の時点を表すことができます。

② (Two months ago), a new train museum opened (in her city).
　　　　　　　　　　　　　　　主語　　　　　　　　　動詞

（2 か月前），（彼女の市に）新しい列車博物館が開業した。

and を使って 3 つ以上のものを並べる場合には，A, B, and C という形を使うことができます。

③ Aira, her father, and her best friend Rena visited it.
　　　　　　　　　　　　　主語　　　　　　　　　　　　　動詞　　目的語

アイラ，彼女の父親，彼女の親友のリナは，そこを訪れた。

④ They learned (about the history ⟨of trains⟩).
　　主語　　動詞

彼女たちは（⟨列車の⟩歴史について）学んだ。

⑤ They (also) took lots of photos ⟨of old and new trains⟩.
　　主語　　　動詞　　　目的語

彼女たちは（また）⟨昔の列車や新しい列車の⟩写真をたくさんとった。

⑥ Rena (really) enjoyed the big train diorama.
　　主語　　　　動詞　　　　　　目的語

リナは大きな列車のジオラマを（本当に）楽しんだ。

⑦ Aira liked the train simulator.
　　主語　　動詞　　　目的語

アイラは列車のシミュレータを気に入った。

⑧ (After they left), Aira said, "I want to spend a whole week
　　　主語' 　動詞' 　　主語① 　動詞① 　主語② 動詞②

(there)!"

(彼女たちが（博物館を）出てから），アイラは言った，「（そこで）まる1週間
過ごしたい！」

第2段落
博物館はボランティアを必要としていた。アイラとリナは土曜の午後に働けると言った。

① (Then), they saw a poster.
　　　　　 主語 　動詞 　　目的語

（それから），彼女たちはポスターを見た。

> ポスター，本，新聞などに「…と書いてある」という意味を表す場合には say という動詞が用いられます。

② It said, "The museum needs volunteers."
　主語①動詞① 　　主語② 　　　動詞② 　　目的語②

そこには書いてあった，「博物館はボランティアを必要としています。」

③ Aira and Rena wanted to volunteer.
　　　　主語 　　　　　動詞

> この文での volunteer は「ボランティア活動をする」という意味の動詞として使われています。

アイラとリナはボランティア活動をしたかった。

④ They talked (to a museum worker).
　主語 　動詞

彼女たちは（博物館の職員に）話した。

⑤ The worker asked them (about their free time).
　　主語 　　　動詞 　目的語

その職員は彼女たちに（あいている時間を）尋ねた。

⑥ Aira and Rena play soccer (on Sundays), and they go (to
　　　主語① 　　　動詞① 　目的語① 　　　　　　　　　主語② 　動詞②

school) (on Saturday mornings).

アイラとリナは（毎週日曜日に）サッカーをして，（毎週土曜日の午前中に）（学

校へ) 通っている。

⑦ Aira said, "We can work (on Saturday afternoons)."
　　主語① 動詞① 　主語② 　　動詞②

アイラは言った,「私たちは (毎週土曜日の午後に) 働くことができます。」

第3段落

アイラは受付係として,リナはツアーガイドとして働き始めた。彼女たちは博物館でボランティア活動ができて幸運だと感じている。

working は動名詞で, started という動詞の目的語になっています。

① Aira started [working (at the information desk)].
　 主語 　　動詞 　　　　　　　　目的語

アイラは [(受付で) 働き] 始めた。

② She answers people's questions.
　 主語 　　動詞 　　　　　目的語

彼女は人々の質問に答える。

③ Rena is a tour guide.
　 主語 動詞 　補語

リナはツアーガイドである。

④ She tells people (about all the trains).
　 主語 動詞 　目的語

彼女は人々に (全部の列車について) 話す。

feel ＋形容詞 は「…だと感じる」という意味になります。

⑤ They feel very lucky (because they can volunteer (at such a
　 主語 動詞 　　補語 　　　　　　　　　 主語' 　　　　動詞'

great museum)).

彼女たちは ((そのようなすばらしい博物館で) ボランティア活動ができるので) とても幸運だと感じている。

88

サイトトランスレーション

⇒別冊 p.20 ～ 21

1 Aira loves /	アイラは大好きだ
trains. //	列車が。
Two months ago, /	2か月前に,
a new train museum opened /	新しい列車博物館が開業した
in her city. //	彼女の市に。
Aira, her father, and her best friend Rena /	アイラ, 父親, 親友のリナは
visited it. //	それを訪れた。
They learned /	彼女たちは学んだ
about the history of trains. //	列車の歴史について。
They also took /	また彼女たちはとった
lots of photos /	たくさんの写真を
of old and new trains. //	昔の列車や新しい列車の。
Rena really enjoyed /	リナは本当に楽しんだ
the big train diorama. //	大きな列車のジオラマを。
Aira liked /	アイラは気に入った
the train simulator. //	列車のシミュレータを。
After they left, /	彼女たちが出たあと,
Aira said, /	アイラは言った,
"I want to spend /	「私は過ごしたい

a whole week /	まる1週間
there!" //	そこで！」と。
2 Then, /	それから,
they saw /	彼女たちは見た
a poster. //	ポスターを。
It said, /	そこには書いてあった,
"The museum needs /	「博物館は必要としている
volunteers." //	ボランティアを」と。
Aira and Rena wanted /	アイラとリナはしたかった
to volunteer. //	ボランティア活動を。
They talked /	彼女たちは話した
to a museum worker. //	博物館の職員に。
The worker asked them /	その職員は彼女たちに尋ねた
about their free time. //	彼女たちのあいている時間について。
Aira and Rena play soccer /	アイラとリナはサッカーをしている
on Sundays, /	毎週日曜日には,
and they go /	そして彼女たちは通っている
to school /	学校に
on Saturday mornings. //	毎週土曜日の午前中は。
Aira said, /	アイラは言った,
"We can work /	「私たちは働けます
on Saturday afternoons." //	毎週土曜日の午後に」と。

3 Aira started working /	アイラは働き始めた
at the information desk. //	受付で。
She answers /	彼女は答える
people's questions. //	人々の質問に。
Rena is a tour guide. //	リナはツアーガイドである。
She tells people /	彼女は人々に話す
about all the trains. //	全部の列車について。
They feel /	彼女たちは感じている
very lucky /	とても幸運だと
because they can volunteer /	なぜならボランティア活動ができるからだ
at such a great museum. //	そのようなすばらしい博物館で。

The Train Museum

Aira loves trains. Two months ago, a new train museum opened in her city. Aira, her father, and her best friend Rena visited it. They learned about the history of trains. They also took lots of photos of old and new trains. Rena really enjoyed the big train diorama. Aira liked the train simulator. After they left, Aira said, "I want to spend a whole week there!"

Then, they saw a poster. It said, "The museum needs volunteers." Aira and Rena wanted to volunteer. They talked to a museum worker. The worker asked them about their free time. Aira and Rena play soccer on Sundays, and they go to school on Saturday mornings. Aira said, "We can work on Saturday afternoons."

Aira started working at the information desk. She answers people's questions. Rena is a tour guide. She tells people about all the trains. They feel very lucky because they can volunteer at such a great museum.

列車博物館

　アイラは列車が大好きだ。2か月前に，彼女の市に新しい列車博物館が開業した。アイラ，父親，親友のリナは，そこを訪れた。彼女たちは列車の歴史を学んだ。また，昔の列車や新しい列車の写真をたくさんとった。リナは大きな列車のジオラマを本当に楽しんだ。アイラは列車のシミュレータを気に入った。出たあと，「そこでまる1週間過ごしたい！」とアイラは言った。

　それから，彼女たちはポスターを見た。それには「博物館はボランティアを必要としている」と書かれていた。アイラとリナはボランティア活動をしたかった。彼女たちは博物館の職員に話した。その職員は，彼女たちにあいている時間を尋ねた。アイラとリナは，毎週日曜日にはサッカーをして，毎週土曜日の午前中は学校に通っている。アイラは「私たちは毎週土曜日の午後に働けます」と言った。

　アイラは受付で働き始めた。彼女は人々の質問に答える。リナはツアーガイドである。彼女は全部の列車について人々に話す。彼女たちは，そのようなすばらしい博物館でボランティア活動ができるから，とても幸運だと感じている。

解答と解説

解答

(1) ②　　(2) ②　　(3) ③　　(4) ②　　(5) ④

解説

(1) 第 1 段落の第 2 文に She [= Barbara] is 16 years old，第 3 文に Emi is one year younger than Barbara とあるので，**2** が正解。

設問・選択肢の和訳

(1) エミは何歳か。

×**1**　14 歳。　○**2**　15 歳。　×**3**　16 歳。　×**4**　17 歳。

(2) 第 2 段落の第 1 文にバーバラが日本語を勉強していて，それをエミが手助けしていたという記述がある。それに続く第 2 文に They [= Barbara and Emi] studied it [= Japanese] twice a week. とあるので，**2** が正解。

設問・選択肢の和訳

(2) バーバラはどのくらい（何回）エミといっしょに日本語を勉強したか。

×**1**　1 週間に 1 回。　○**2**　1 週間に 2 回。
×**3**　1 週間に 3 回。　×**4**　1 週間に 4 回。

(3) 第 2 段落の第 5 文でエミがバーバラに好きな日本食は何か質問していて，第 6 文で I like soba とバーバラが答えているので，**3** が正解。

設問・選択肢の和訳

(3) バーバラの好きな食べ物は…だった
×**1**　天ぷら。　×**2**　うどん。　○**3**　そば。　×**4**　寿司。

(4) 第 3 段落の第 4 文に His [= Mr. Kimura's] company is famous for making those robots. とあるので，**2** が正解。

設問・選択肢の和訳

(4) 木村氏の会社は…を作っている

×**1** 日本食。　○**2** ロボット。　×**3** 自動車。　×**4** テレビゲーム。

---

(5) 第3段落の第6文の最後に Mrs. Kimura always won とあるので，**4** が正解。

設問・選択肢の和訳

(5) テレビゲームが一番上手な人は…だった

×**1** バーバラ。　×**2** エミ。　×**3** 木村氏。　○**4** 木村夫人。

語句

〈タイトル〉

□ homestay	（名）ホームステイ

〈第1段落〉

□ stay with ~	~の家に滞在する
□ became < become	（動）~になる

〈第2段落〉

□ a week	1週間につき
□ often	（副）しばしば
□ one day	ある日
□ ask	（動）~に尋ねる
□ favorite	（形）お気に入りの，特に好きな
□ How about ~ ?	~はどうですか。

〈第3段落〉

□ take ~ to ...	~を…へ連れて行く
□ car factory	自動車工場

□ robot	（名）ロボット
□ came < come	（動）来る
□ company	（名）会社
□ famous for ~	~で有名な
□ video game	テレビゲーム
□ be good at ~	~が得意である
□ surprised	（形）おどろいて，びっくりして
□ always	（副）いつでも
□ won < win	（動）勝つ
□ back	（副）もどって
□ send	（動）~を送る
□ e-mail	（名）メール
□ a month	1か月につき

〈設問・選択肢〉

□ How often ~ ?	どのくらい（何回）~か？

構造確認 ※読みまちがえた部分の確認に使用してください。 ⇒別冊 p.22 ～ 23

第 1 段落

16歳の高校生バーバラは，昨年木村家に2か月滞在し，娘のエミとよい友人になった。

① Barbara is a high school student.
　　　主語　　　動詞　　　　　　　補語

バーバラは高校生だ。

② She is 16 years old, and (last year) she stayed (with Mr. and
　　主語① 動詞①　　補語①　　　　　　　　　　　　　主語②　　動詞②

Mrs. Kimura and their daughter Emi) (for two months).

彼女は 16 歳で，(昨年) (木村夫妻と彼らの娘のエミの家に) (2 か月間) 滞在
した。

> young のような形容詞や副詞に er という語尾をつけると「より…」という意味の比較級になります。than は「よりも」という意味で，A is younger than B. で「A は B よりも若い。」という意味になります。

③ Emi is one year younger (than Barbara), and they became
　　主語① 動詞①　　　　補語①　　　　　　　　　　　　　主語②　　　動詞②

good friends.
　　補語②

エミは (バーバラより) 1 つ年下で，彼女たちはよい友人になった。

第 2 段落

エミはバーバラが日本語を勉強するのを助け，バーバラは木村夫人の料理を手伝った。

① Barbara studied Japanese, and Emi helped her.
　　主語①　　　動詞①　　　目的語①　　　主語②　　動詞②　　目的語②

バーバラは日本語を勉強し，エミは彼女を手助けした。

> twice a week は「1 週間に 2 回」という意味です。twice は「2 回」の意味で，3 回以上は ～ times を用いて，three times (3 回)，four times (4 回) のように表現します。

② They studied it (twice a week).
　　主語　　動詞　目的語

彼女たちは (1 週間に 2 回) それを勉強した。

③ Barbara helped Mrs.Kimura (with the cooking).
　　　主語　　　　動詞　　　　　　目的語

バーバラは木村夫人 (の料理) を手伝った。

④ They (often) cooked udon with tempura.
　　主語　　　　　　動詞　　　　目的語

彼女たちは (しばしば) 天ぷらうどんを作った。

⑤ (One day), Emi asked Barbara, "What is your favorite
　　　　　　　主語①　動詞①　目的語①　　　補語② 動詞②　　主語②

Japanese food?"

(ある日)，エミはバーバラに尋ねた，「あなたの好きな日本食は何？」

⑥ Barbara said, "I like soba.
　　　主語①　　動詞① 主語②動詞② 目的語②

バーバラは言った，「私はそばが好き。

⑦ How about you?"

あなたはどう？」

⑧ Emi said, "I like sushi."
　　主語①　動詞① 主語②動詞② 目的語②

エミは言った，「私はお寿司が好き。」

第3段落

バーバラは木村氏に工場見学に連れて行ってもらったり，家族といっしょにテレビゲームをしたりした。アメリカにもどった今でも木村家の人々にメールを送っている。

① Mr. Kimura took Barbara and Emi (to a car factory).
　　　主語　　　　動詞　　　　　目的語

木村氏はバーバラとエミを (自動車工場に) 連れて行った。

② Robots make the cars (at that factory).
　　主語　　　動詞　　目的語

(その工場では) ロボットが自動車を作っている。

③ The robots came (from Mr. Kimura's company).
　　　主語　　　　動詞

そのロボットは (木村氏の会社から) 来た。

④ His company is famous (for [making those robots]).
　　　主語　　　動詞　　補語

彼の会社は ([それらのロボットを作っていること] で) 有名である。

⑤ Barbara (also) played video games (with the Kimuras).
　　主語　　　　　　動詞　　　目的語

バーバラは (また) (木村家の人々と) テレビゲームをした。

⑥ She and Emi were good (at video games), but Barbara was
　　主語①　　　動詞①　補語①　　　　　　　　　　　主語②　　動詞②

surprised (because Mrs. Kimura (always) won).
　補語②　　　　　　　　　　主語'　　　　　　動詞'

彼女とエミは (テレビゲームが) 得意だったが, (木村夫人が (いつも) 勝つの
で) バーバラはおどろいた。

⑦ Now, Barbara is back (in America), but she sends an e-mail
　　　　主語①　動詞①　　　　　　　　　　　　主語②　動詞②　　目的語②

(to the Kimuras) (once a month).

今, バーバラは (アメリカに) もどっているが, 彼女は (1 か月に 1 回) (木村
家の人々に) メールを送っている。

サイトトランスレーション

⇒別冊 p.22 ~ 23

1 Barbara is a high school student. //	バーバラは高校生である。
She is 16 years old, /	彼女は 16 歳で,
and last year /	そして昨年
she stayed /	彼女は滞在した
with Mr. and Mrs. Kimura and their daughter Emi /	木村夫妻とその娘のエミの家に
for two months. //	2 か月間。
Emi is one year younger /	エミは 1 つ年下で
than Barbara, /	バーバラよりも,
and they became /	そして彼女たちはなった
good friends. //	よい友人に。
2 Barbara studied /	バーバラは勉強した
Japanese, /	日本語を,
and Emi helped her. //	そしてエミは彼女を助けた。
They studied it /	彼女たちはそれを勉強した
twice a week. //	1 週間に 2 回。
Barbara helped /	バーバラは手伝った
Mrs. Kimura /	木村夫人を
with the cooking. //	料理で。
They often cooked /	彼女たちはしばしば作った

udon with tempura. //	天ぷらうどんを。
One day, /	ある日,
Emi asked Barbara, /	エミはバーバラに尋ねた,
"What is /	「何ですか
your favorite Japanese food?" //	あなたの好きな日本食は」と。
Barbara said, /	バーバラは言った,
"I like soba. //	「私はそばが好きです。
How about you?" //	あなたはどうですか」と。
Emi said, /	エミは言った,
"I like sushi." //	「私はお寿司が好き」と。
3 Mr. Kimura took /	木村氏は連れて行った
Barbara and Emi /	バーバラとエミを
to a car factory. //	自動車工場に。
Robots make /	ロボットが作っている
the cars /	車を
at that factory. //	その工場では。
The robots came /	そのロボットは来た
from Mr. Kimura's company. //	木村氏の会社から。
His company is famous /	彼の会社は有名である
for making those robots. //	それらのロボットを作っていることで。
Barbara also played /	またバーバラは遊んだ
video games /	テレビゲームを

with the Kimuras. //	木村家の人々と。
She and Emi were good /	彼女とエミは得意だった
at video games, /	テレビゲームが,
but Barbara was surprised /	しかしバーバラはおどろいた
because Mrs. Kimura always won. //	木村夫人がいつも勝つので。
Now, /	今,
Barbara is back /	バーバラはもどっている
in America, /	アメリカに,
but she sends /	しかし彼女は送っている
an e-mail /	メールを
to the Kimuras /	木村家の人々に
once a month. //	1か月に1回。

Barbara's Homestay

Barbara is a high school student. She is 16 years old, and last year she stayed with Mr. and Mrs. Kimura and their daughter Emi for two months. Emi is one year younger than Barbara, and they became good friends.

Barbara studied Japanese, and Emi helped her. They studied it twice a week. Barbara helped Mrs. Kimura with the cooking. They often cooked udon with tempura. One day, Emi asked Barbara, "What is your favorite Japanese food?" Barbara said, "I like soba. How about you?" Emi said, "I like sushi."

Mr. Kimura took Barbara and Emi to a car factory. Robots make the cars at that factory. The robots came from Mr. Kimura's company. His company is famous for making those robots. Barbara also played video games with the Kimuras. She and Emi were good at video games, but Barbara was surprised because Mrs. Kimura always won. Now, Barbara is back in America, but she sends an e-mail to the Kimuras once a month.

バーバラのホームステイ

　バーバラは高校生である。彼女は16歳で，昨年木村夫妻と娘のエミの家に2か月間滞在した。エミはバーバラより1つ年下で，彼女たちはよい友人になった。

　バーバラは日本語を勉強し，エミは彼女を手助けした。彼女たちは1週間に2回それを勉強した。バーバラは木村夫人の料理を手伝った。彼女たちはしばしば天ぷらうどんを作った。ある日，エミは「あなたの好きな日本食は何？」とバーバラに尋ねた。バーバラは「そばが好きなの。あなたは？」と言った。エミは「私はお寿司が好き」と言った。

　木村氏はバーバラとエミを自動車工場に連れて行った。その工場ではロボットが自動車を作っている。そのロボットは木村氏の会社から来たものだ。彼の会社はそれらのロボットを作っていることで有名である。バーバラはまた木村家の人々とテレビゲームをした。彼女とエミはテレビゲームが得意だったが，木村夫人がいつも勝つのでバーバラはおどろいた。今，バーバラはアメリカにもどっているが，1か月に1回，木村家の人々にメールを送っている。

⇒別冊 p.24 ～ 25

解答と解説

解答

(1) ③　　(2) ②　　(3) ①　　(4) ②　　(5) ③

解説

(1) 第1段落の第2文の後半に he buys <u>a new one every week</u> とあり，one はその前の文から漫画（まんが）ということがわかるので，**3** が正解。

設問・選択肢の和訳

(1) マイクはどのくらい（何回）漫画の本を買うか。

×**1**　1日に1回。　　×**2**　1日に2回。

○**3**　1週間に1回。　　×**4**　1週間に2回。

(2) 第1段落の第4文に He is not good at <u>drawing</u>. とあるので，**2** が正解。

設問・選択肢の和訳

(2) マイクは…が得意ではなかった

×**1**　本を読むこと。　　○**2**　絵を描くこと。

×**3**　物語を書くこと。　　×**4**　人と話すこと。

(3) 第1段落の第6・7文でマイクがリンを "Let's make a comic book together...." と誘っていて，それに続く第8文に Lynn said, "It is <u>a great idea</u>." とあるので，**1** が正解。

設問・選択肢の和訳

(3) リンにとって，漫画の本を作ることは…

○**1**　すばらしい考えだった。　　×**2**　大問題だった。

×**3**　おもしろくなかった。　　×**4**　簡単だった。

(4) 第3段落の第3文に It [= the comic] had <u>20 pages</u>. とあるので，**2** が正解。

(4) 彼らの漫画は何ページだったか。

×**1** 6ページ。　○**2** 20ページ。　×**3** 50ページ。　×**4** 80ページ。

(5) 第3段落の最後の文の後半に they can both <u>buy some more comic books</u> とあるので，**3**が正解。

設問・選択肢の和訳

(5) マイクとリンは10ドルをどう使うだろうか。

×**1** 犬を買う。　　　　×**2** 友人たちにあげる。

○**3** もっと漫画の本を買う。　×**4** 新しい漫画の本を作る。

語句

〈タイトル〉

□ comic　　（名）漫画

〈第1段落〉

□ buy　　（動）～を買う

□ want to do　～したい

□ own　　（形）自分自身の

□ problem　　（名）問題

□ be good at ～　～が得意である

□ draw　　（動）(絵を)描く

□ one day　ある日

□ together　（副）いっしょに

□ story　　（名）話，物語

□ great　　（形）すばらしい

□ idea　　（名）考え

〈第2段落〉

□ robot　　（名）ロボット

□ police　　（名）警察

□ often　　（副）しばしば，たびたび

□ interesting　（形）おもしろい

〈第3段落〉

□ wrote < write　（動）～を書く

□ sold < sell　（動）～を売る

□ cent　　（名）セント(通貨単位)

□ each　　（副）それぞれ

□ both　　（副）両方とも

〈設問・選択肢〉

□ How often ～？　どのくらい(何回)～か？

□ once　　（副）1回，1度

□ twice　　（副）2回，2度

□ talk to ～　～に[と]話す

□ What ～ do with …　…をどう(処理)するか…?

105

構造確認 ※読みまちがえた部分の確認に使用してください。 ⇒別冊 p.24 ～ 25

第 1 段落

漫画が好きだが絵を描くのが苦手なマイクは，絵が得意な友人のリンを誘い，いっしょに漫画の本を作ることにした。

① Mike loves comics.
　　主語　　動詞　　　目的語

　　マイクは漫画が大好きだ。

> every day は「毎日」，every week は「毎週」という意味です。また，このように定期的・習慣的に何かをすることを表す場合には，現在形の文が使われます。

② He reads two books (every day), and he buys a new one
　主語① 動詞①　　目的語①　　　　　　　　　　　　主語② 動詞②　　　目的語②
(every week).

　　彼は（毎日）2 冊読み，（毎週）新しい漫画の本を買う。

③ He wanted to make his own comic books, but he had a
　主語① 　動詞①　　　　　　　　　　　　　　　　　　主語② 動詞② 目的語②
problem.

　　彼は自分の漫画の本を作りたかったが，問題があった。

④ He is not good (at drawing).
　主語　動詞　　補語

　　彼は（絵を描くのが）得意ではない。

⑤ His friend Lynn is good (at drawing), and she likes comics,
　　　主語①　　　　動詞① 補語①　　　　　　　　　　主語② 動詞②　　目的語②
(too).

　　彼の友人のリンは（絵を描くのが）得意で，彼女（も）漫画が好きだ。

> Let's ... together. は「いっしょに…しましょう。」という意味で，人を誘う場合に使われる表現です。

⑥ (One day), Mike said, "Let's make a comic book (together).
　　　　　　　主語① 動詞①　　　　動詞②　　目的語②

　　（ある日），マイクは言った，「（いっしょに）漫画の本を作ろう。

⑦ I will write the stories, and you can draw the pictures."
主語① 動詞① 目的語① 主語② 動詞② 目的語②

僕は話を書く，そして君は絵が描ける」。

⑧ Lynn said, "It is a great idea."
主語① 動詞① 主語② 動詞② 補語②

リンは「それは名案ね」と言った。

第2段落

ロボット好きなマイクと犬好きのリンはメカドッグというロボット犬の漫画を作った。

① Mike likes robots, and Lynn likes dogs.
主語① 動詞① 目的語① 主語② 動詞② 目的語②

マイクはロボットが好きで，リンは犬が好きだ。

② They made a comic ⟨about a robot dog⟩.
主語 動詞 目的語

彼らは《ロボット犬の》漫画を作った。

③ Its name is Mecha-Dog.
主語 動詞 補語

その名前はメカ・ドッグだ。

④ The dog helps the police.
主語 動詞 目的語

その犬は警察の手伝いをする。

⑤ Mecha-Dog (often) fights (with Mecha-Cat).
主語 動詞

メカ・ドッグは(しばしば)(メカ・キャットと)戦う。

⑥ Mecha-Cat is Mecha-Dog's enemy.
主語 動詞 補語

メカ・キャットはメカ・ドッグの敵である。

⑦ The story is very interesting.
　　主語　　　　動詞　　　　　　補語

その話はとてもおもしろい。

第 3 段落

彼らは作った漫画を友人たちに売って, もっと多くの漫画を買えるお金を手に入れた。

① They worked on the comic (for six weeks).
　　主語　　動詞

　彼らは (6 週間) その漫画に取り組んだ。

② Mike wrote the story, and Lynn drew 80 pictures (for the
　　主語①　動詞①　目的語①　　　　主語②　動詞②　目的語②
comic).

　マイクが話を書き, リンは (漫画のために) 80 枚の絵を描いた。

③ It had 20 pages.
　主語 動詞　目的語

　それは 20 ページだった。

④ They sold their comic (to their friends) (for 50 cents each).
　　主語　動詞　　目的語

　彼らは漫画を (それぞれ (1 部) 50 セントで) (彼らの友人たちに) 売った。

> so というつなぎ言葉は「そして」「だから」という意味で, 前後の文をつなぐことができます。

⑤ They got $10, so they can both buy some more comic books
　　主語①　動詞① 目的語①　　主語②　動詞②　　　　　　　　　　目的語②
(now).

　彼らは 10 ドルを手に入れたので, 2 人とも (今は) もっと多くの漫画の本を買
うことができる。

サイトトランスレーション

⇒別冊 p.24 ～ 25

1 Mike loves /	マイクは大好きだ
comics. //	漫画が。
He reads two books /	彼は 2 冊読む
every day, /	毎日,
and he buys /	そして彼は買う
a new one /	新しい漫画の本を
every week. //	毎週。
He wanted to make /	彼は作りたかった
his own comic books, /	自分の漫画の本を,
but he had a problem. //	しかし彼には問題があった。
He is not good /	彼は得意でない
at drawing. //	絵を描くのが。
His friend Lynn is good /	彼の友人のリンは得意である
at drawing, /	絵を描くのが,
and she likes /	そして彼女は好きだ
comics, too. //	漫画が,（マイクと）同様に。
One day, /	ある日,
Mike said, /	マイクは言った,
"Let's make /	「作ろう
a comic book /	漫画の本を

together. //	いっしょに。
I will write /	僕が書くつもりだ
the stories, /	話を,
and you can draw /	そして君は描ける
the pictures." //	絵を」と。
Lynn said, /	リンは言った,
"It is a great idea." //	「それは名案ね」と。
2 Mike likes /	マイクは好きだ
robots, /	ロボットが,
and Lynn likes /	そしてリンは好きだ
dogs. //	犬が。
They made /	彼らは作った
a comic /	漫画を
about a robot dog. //	ロボット犬についての。
Its name is Mecha-Dog. //	その名前はメカ・ドッグだ。
The dog helps /	その犬は手伝う
the police. //	警察を。
Mecha-Dog often fights /	メカ・ドッグはしばしば戦う
with Mecha-Cat. //	メカ・キャットと。
Mecha-Cat is Mecha-Dog's enemy. //	メカ・キャットはメカ・ドッグの敵である。
The story is very interesting. //	その話はとてもおもしろい。
3 They worked /	彼らは取り組んだ

on the comic /	漫画に
for six weeks. //	6週間。
Mike wrote /	マイクは書いた
the story, /	話を,
and Lynn drew /	そしてリンは描いた
80 pictures /	80枚の絵を
for the comic. //	漫画のために。
It had 20 pages. //	それは20ページだった。
They sold /	彼らは売った
their comic /	漫画を
to their friends /	友人たちに
for 50 cents each. //	それぞれ50セントで。
They got /	彼らは手に入れた
$10, /	10ドルを,
so they can both buy /	だから2人とも買うことができる
some more comic books now. //	今はもっと多くの漫画の本を。

The Comic Book

Mike loves comics. He reads two books every day, and he buys a new one every week. He wanted to make his own comic books, but he had a problem. He is not good at drawing. His friend Lynn is good at drawing, and she likes comics, too. One day, Mike said, "Let's make a comic book together. I will write the stories, and you can draw the pictures." Lynn said, "It is a great idea."

Mike likes robots, and Lynn likes dogs. They made a comic about a robot dog. Its name is Mecha-Dog. The dog helps the police. Mecha-Dog often fights with Mecha-Cat. Mecha-Cat is Mecha-Dog's enemy. The story is very interesting.

They worked on the comic for six weeks. Mike wrote the story, and Lynn drew 80 pictures for the comic. It had 20 pages. They sold their comic to their friends for 50 cents each. They got $10, so they can both buy some more comic books now.

漫画の本

　マイクは漫画が大好きだ。彼は毎日2冊読み，毎週1冊新しい漫画の本を買う。彼は自分の漫画の本を作りたかったが，問題があった。絵を描くのが苦手なのだ。友人のリンは絵を描くのが得意で，彼女も漫画が好きだった。ある日，マイクは「いっしょに漫画の本を作ろう。僕が話を書いて，君は絵を描けばいい」と言った。リンは「それは名案ね」と言った。

　マイクはロボットが好きで，リンは犬が好きだ。彼らはロボット犬の漫画を作った。その名前はメカ・ドッグだ。その犬は警察の手伝いをする。メカ・ドッグはしばしばメカ・キャットと戦う。メカ・キャットはメカ・ドッグの敵である。その話はとてもおもしろい。

　彼らは6週間，漫画に取り組んだ。マイクが話を書き，リンは漫画の絵を80枚描いた。それは20ページだった。彼らは漫画を1部50セントで友人たちに売った。10ドル手に入ったので，2人とも今はもっと多くの漫画の本を買うことができる。

⇒別冊 p.26 ～ 27

解答と解説

解答

(1) ③　　(2) ③　　(3) ③　　(4) ④　　(5) ①

解説

(1) 第 1 段落最後のモニカの発言に But it's February とあるので，**3** が正解。

設問・選択肢の和訳

(1) この話は…という月に起きている
×**1**　12 月。　　×**2**　1 月。　　○**3**　2 月。　　×**4**　7 月。

(2) 第 1 段落の第 4・5 文に Monica said, "... I like surfing. とあるので，**3** が正解。

設問・選択肢の和訳

(2) モニカは何のスポーツをするのが最も好きか。
×**1**　スキー。　　×**2**　スケート。　　○**3**　サーフィン。　　×**4**　水泳。

(3) 第 2 段落のタラの発言の中 (第 2 文) に We can have a party とあるので，**3** が正解。

設問・選択肢の和訳

(3) タラは…ことを決めた
×**1**　海岸に行く。　　　　×**2**　短パンと T シャツを買う。
○**3**　パーティーを開く。　　×**4**　モニカの家をそうじする。

(4) 第 3 段落の第 6 文に They were expensive とあり，They はその前の第 5 文から strawberries のことだとわかるので，**4** が正解。

設問・選択肢の和訳

(4) 何の食べ物が高価だったか。
×**1**　レモネード。　　×**2**　ホットドッグ。　　×**3**　ハンバーガー。　　○**4**　イチゴ。

(5) パーティーのあとの日曜日の夜のことは，第3段落の第7文以降に書かれている。第7文の後半から第8文にかけて it was cold and snowy. But Monica felt very happy. とあるので，**1** が正解。

設問・選択肢の和訳

(5) パーティーのあと，日曜日の夜にモニカはどう感じたか。
○**1** うれしい。　×**2** 寒い。　×**3** 暑い。　×**4** 悲しい。

語句

〈タイトル〉

□ idea	(名) 考え

〈第1段落〉

□ Christmas	(名) クリスマス
□ weather	(名) 天気，気候
□ try	(動) 〜を試す，やってみる
□ ski	(動) スキーをする
□ skate	(動) スケートをする
□ surfing	(名) サーフィン
□ beach	(名) 海岸，浜辺
□ want to do	〜したい
□ have a party	パーティーを開く

〈第2段落〉

□ no problem	大丈夫，問題ない
□ living room	リビングルーム，居間
□ wear	(動) 〜を身につける，着る
□ shorts	(名) 短パン
□ T-shirt	(名) Tシャツ

〈第3段落〉

□ invite	(動) 〜を招待する
□ have a lot of fun	大いに楽しむ
□ drank < drink	(動) 〜を飲む
□ lemonade	(名) レモネード
□ ate < eat	(動) 〜を食べる
□ hot dog	ホットドッグ
□ hamburger	(名) ハンバーガー
□ bought < buy	(動) 〜を買う
□ strawberry	(名) イチゴ
□ expensive	(形) 高価な
□ delicious	(形) おいしい
□ snowy	(形) 雪が降って
□ felt < feel	(動) 感じる

〈設問・選択肢〉

□ happen	(動) 起こる
□ decide to do	〜することに決める
□ clean	(動) 〜をそうじする
□ sad	(形) 悲しい

構造確認 ※読みまちがえた部分の確認に使用してください。 ⇒別冊 p.26 ~ 27

第 1 段落

冬が好きではないモニカに，タラは 2 月にビーチパーティーをすることを提案した。

① Monica does not like winter.
　　　主語　　　　　動詞　　　　目的語

モニカは冬が好きではない。

> but というつなぎ言葉は「しかし」という意味で，前後の文をつなぐことができます。

② She likes Christmas, but she does not like the weather (in
　　主語① 動詞① 　　目的語① 　　　　主語② 　　動詞② 　　　　目的語②

January and February).

彼女はクリスマスは好きだけれど，(1 月と 2 月の) 天気が好きではない。

③ Her friend Tara said, "You should try [skiing or skating]."
　　　　　主語① 　　　　動詞① 主語② 　動詞② 　　　　目的語②

彼女の友人のタラが言った，「あなたは [スキーやスケート] をやってみるべき
よ」。

④ But Monica said, "I don't like winter sports.
　　　　　主語① 　　動詞① 主語② 　動詞② 　　　　目的語②

しかしモニカは言った，「ウィンタースポーツは好きではないの。

⑤ I like surfing.
　主語 動詞 　目的語

私はサーフィンが好き。

⑥ I like [going (to the beach) (in July)]."
　主語 動詞 　　　　　　目的語

私は [(7 月に) (海岸へ) 行くの] が好きなの」と。

⑦ Tara wanted to cheer Monica up, so she said, "We'll have a
主語① 動詞① 主語② 動詞② 主語③ 動詞③ 目的語③

beach party."

タラはモニカを元気づけたくて，言った，「私たちはビーチパーティーを開くわ。」

天気や時間について述べる場合は，it's February のように it を主語とします。この it には「それ」という意味はありません。

⑧ Monica said, "But it's February."
主語① 動詞① 主語② 動詞② 補語②

モニカは言った，「でも今は2月よ。」

第2段落

タラの家のリビングルームに，海岸で泳ぎ，ハワイ音楽を演奏する人々の写真を飾って，夏服を着るパーティーだった。

① "No problem," Tara said.
主語 動詞

「大丈夫よ」とタラは言った。

② "We can have a party (in my living room).
主語 動詞 目的語

「(うちのリビングルームで) 私たちはパーティーが開けるわ。

③ Let's put up pictures.
動詞

写真を飾りましょう。

④ (In the pictures), people are enjoying [swimming (at beaches)],
主語 動詞① 目的語①

and playing Hawaiian music.
動詞② 目的語②

(写真の中で)，人々は [(海岸で) 泳いで] 楽しんだり，ハワイ音楽を演奏したりしているの。

⑤ Everyone can wear shorts and T-shirts."
主語 動詞 目的語

みんな短パンとTシャツを着られるわ。」

パーティーは楽しかった。日曜日の夜は寒くて雪が降ったが，モニカは幸せに感じた。

① (On Sunday afternoon), they had the party.
　　　　　　　　　　　　　　　主語　　動詞　　目的語

（日曜日の午後に），彼女たちはパーティーを開いた。

② They invited their friends.
　　主語　　動詞　　　　目的語

彼女たちは友人を招待した。

③ Everyone had a lot of fun.
　　主語　　　動詞　　　目的語

みんな大いに楽しんだ。

> drink の過去形 drank と，eat の過去形 ate が，and というつなぎ言葉によって並べて使われています。このように and というつなぎ言葉は，さまざまな種類の単語を並べて使うことができます。

④ They drank lemonade and ate hot dogs and hamburgers.
　　主語　動詞①　　目的語①　　　　動詞②　　　　目的語②

彼女たちはレモネードを飲んでホットドッグとハンバーガーを食べた。

⑤ Tara's mom bought some strawberries.
　　　　主語　　　　動詞　　　　　目的語

タラの母親はイチゴを買った。

⑥ They were expensive, but they were delicious.
　　主語①　動詞①　　補語①　　　　主語②　動詞②　　補語②

それは高価だったが，おいしかった。

⑦ (On Sunday night) (after the party), it was cold and snowy.
　　　　　　　　　　　　　　　　　　　　　　　　主語　動詞　　　補語

（パーティーのあと）（日曜日の夜は），寒くて雪が降った。

> feel ＋形容詞 は「…に感じる」という意味の表現です。形容詞の部分は，主語の様子を説明する補語となります。

⑧ But Monica felt very happy.
　　　　主語　　動詞　　補語

しかしモニカはとても幸せに感じた。

サイトトランスレーション

⇒別冊 p.26 ～ 27

1 Monica does not like /	モニカは好きではない
winter. //	冬が。
She likes /	彼女は好きだ
Christmas, /	クリスマスは,
but she does not like /	でも好きではない
the weather /	天気が
in January and February. //	1月と2月の。
Her friend Tara said, /	彼女の友人のタラが言った,
"You should try /	「あなたはやってみるべきよ
skiing or skating." //	スキーやスケートを」と。
But Monica said, /	しかしモニカは言った,
"I don't like /	「好きではないの
winter sports. //	ウィンタースポーツは。
I like /	私は好きだわ
surfing. //	サーフィンが。
I like going /	私は行くのが好き
to the beach /	海岸へ
in July." //	7月に」と。
Tara wanted /	タラはしたかった
to cheer Monica up, /	モニカを元気づけることを,

so she said, /	だから彼女は言った,
"We'll have /	「私たちはするわ
a beach party." //	ビーチパーティーを」と。
Monica said, /	モニカは言った,
"But /	「でも
it's February." //	今は2月よ」と。
2 "No problem," /	「問題ないわ」,
Tara said. //	タラは言った。
"We can have a party /	「私たちはパーティーができる
in my living room. //	うちのリビングルームで。
Let's put up /	飾りましょう
pictures. //	写真を。
In the pictures, /	写真の中では,
people are enjoying /	人々は楽しんでいる
swimming at beaches /	海岸で泳いで
and playing /	そして演奏している
Hawaiian music. //	ハワイの音楽を。
Everyone can wear /	みんな着ることができるわ
shorts and T-shirts." //	短パンとTシャツを。」
3 On Sunday afternoon, /	日曜日の午後に,
they had /	彼女たちはした
the party. //	パーティーを。

They invited /	彼女たちは招待した
their friends. //	友人たちを。
Everyone had a lot of fun. //	みんな大いに楽しんだ。
They drank /	彼女たちは飲んだ
lemonade /	レモネードを
and ate /	そして食べた
hot dogs and hamburgers. //	ホットドッグとハンバーガーを。
Tara's mom bought /	タラの母親は買った
some strawberries. //	イチゴを。
They were expensive, /	それらは高価だった,
but they were delicious. //	だけどおいしかった。
On Sunday night /	日曜日の夜は
after the party, /	パーティーのあと,
it was cold and snowy. //	寒くて雪が降った。
But Monica felt /	しかしモニカは感じた
very happy. //	とても幸せに。

Monica's Idea

Monica does not like winter. She likes Christmas, but she does not like the weather in January or February. Her friend Tara said, "You should try skiing or skating." But Monica said, "I don't like winter sports. I like surfing. I like going to the beach in July." Tara wanted to cheer Monica up, so she said, "We'll have a beach party." Monica said, "But it's February."

"No problem," Tara said. "We can have a party in my living room. Let's put up pictures. In the pictures, people are enjoying swimming at beaches and playing Hawaiian music. Everyone can wear shorts and T-shirts."

On Sunday afternoon, they had the party. They invited their friends. Everyone had a lot of fun. They drank lemonade and ate hot dogs and hamburgers. Tara's mom bought some strawberries. They were expensive, but they were delicious. On Sunday night after the party, it was cold and snowy. But Monica felt very happy.

モニカの考え

　モニカは冬が好きではない。クリスマスは好きだけれど，１月と２月の天気が好きではないのだ。友人のタラは「スキーやスケートをやってみるべきよ」と言った。しかし，モニカは「ウィンタースポーツは好きじゃないの。サーフィンが好きだわ。私は７月に海岸へ行くのが好きなの」と言った。タラはモニカを元気づけたくて，「ビーチパーティーをするわ」と言った。モニカは「でも今は２月よ」と言った。

　「大丈夫よ」とタラは言った。「うちのリビングルームでパーティーができるわ。写真を飾りましょう。その写真の中では，人々は海岸で泳いで楽しんだり，ハワイ音楽を演奏したりしているの。みんな短パンとＴシャツを着られるわ」。

　日曜日の午後に，彼女たちはパーティーをした。友人たちを招待した。みんな大いに楽しんだ。レモネードを飲み，ホットドッグとハンバーガーを食べた。タラの母親はイチゴを買った。それは高価だったが，おいしかった。パーティーのあと，日曜日の夜は，寒くて雪が降った。しかし，モニカはとても幸せに感じた。

⇒別冊 p.28 ～ 29

解答と解説

解答

(1) ②　　(2) ②　　(3) ②　　(4) ③　　(5) ①

解説

(1) 第 1 段落の第 2 文に Yesterday, they had a family meeting about the trip. とあるので，**2** が正解。

設問・選択肢の和訳

(1) ポールの家族は昨日何をしたか。

×**1**　旅行から帰宅した。　　○**2**　家族会議をした。

×**3**　サーフィンをしに行った。　×**4**　働いた。

(2) 第 1 段落の第 3 文に His father said, "I want to go camping." とあるので，**2** が正解。

設問・選択肢の和訳

(2) キャンプに行きたかったのは誰か。

×**1**　ポール。　○**2**　ポールの父。　×**3**　ポールの姉。　×**4**　ポールの母。

(3) 第 2 段落の第 5 文に They will spend ... eight days in Florida. とあるので，**2** が正解。

設問・選択肢の和訳

(3) 彼らはフロリダにどのくらい滞在するだろうか。

×**1**　2 日間。　○**2**　8 日間。　×**3**　10 日間。　×**4**　2 週間。

(4) 第 2 段落の第 5 文に traveling on the bus とあるので，**3** が正解。

設問・選択肢の和訳

(4) 彼らはフロリダへどうやって行くか。

×**1**　列車。　×**2**　飛行機。　○**3**　バス。　×**4**　車。

(5) 第3段落の第4文に Paul asked his parents, "Can you take me to a baseball game?" とあり，その次の第5文に They said yes とあるので，**1** が正解。

設問・選択肢の和訳

(5) ポールはマイアミで何をすることができるか。

○**1** 野球の試合を見る。　　×**2** キャンプに行く。

×**3** 列車に乗る。　　　　×**4** 美術館へ行く。

語句

〈タイトル〉

☐ family trip　　家族旅行

〈第1段落〉

☐ go on a trip　　旅行に出かける

☐ family meeting　　家族会議

☐ go camping　　キャンプに行く

☐ go surfing　　サーフィンをしに行く

☐ want to do　　〜したい

☐ visit　　(動) 〜を訪れる

☐ decide to do　　〜することに決める

〈第2段落〉

☐ work for 〜　　〜に勤めている

☐ company　　(名) 会社

☐ free　　(形) 無料の

☐ ticket　　(名) チケット

☐ vacation　　(名) 休暇

☐ busy　　(形) いそがしい

☐ at work　　仕事で

☐ spend　　(動) 〜を過ごす

☐ travel　　(動) (乗り物で) 行く

☐ fly　　(動) (飛行機で) 飛ぶ

☐ airplane　　(名) 飛行機

☐ take a train　　列車に乗る

〈第3段落〉

☐ zoo　　(名) 動物園

☐ museum　　(名) 美術館

☐ ask　　(動) 〜に尋ねる

☐ take 〜 to ...　　〜を…へ連れて行く

☐ baseball game　　野球の試合

☐ say yes　　了解する，同意する

☐ excited　　(形) わくわくしている

〈設問・選択肢〉

☐ come home　　帰宅する

☐ stay　　(動) 滞在する

☐ get to 〜　　〜に着く

構造確認 ※読みまちがえた部分の確認に使用してください。　⇒別冊 p.28 ～ 29

第 1 段落

ポールの家族は旅行を計画している。家族会議で今年はフロリダに行くことに決めた。

① Paul's family will go on a trip.
　　　　主語　　　　　動詞

ポールの家族は旅行に出かける予定である。

② Yesterday, they had a family meeting 〈about the trip〉.
　　　　　　　　主語　動詞　　目的語

昨日，彼らは《その旅行についての》家族会議をした。

> go camping や go surfing のような表現では，go の後ろに
> to を置きません。熟語としておぼえておきましょう。

③ His father said, "I want to go camping."
　　　主語①　　　動詞①　主語②動詞②

彼の父は言った，「私はキャンプに行きたい。」

④ His sister said, "I want to go surfing (in California)."
　　　主語①　　　動詞①　主語②動詞②

彼の姉は言った，「私は (カリフォルニアへ) サーフィンをしに行きたい。」

⑤ But Paul and his mother wanted to visit Florida.
　　　　主語　　　　　　　　動詞

しかしポールと母はフロリダを訪ねたかった。

> decide to 動詞 は「…すると決める」という意味の表現です。
> want to 動詞 (…したい) と同じような形の表現です。

⑥ The family decided to visit Florida (this year).
　　　主語　　　　動詞

一家は (今年) フロリダを訪れることを決めた。

第2段落

今年は父がいそがしくて 10 日間しか休暇が取れない。飛行機か列車に乗りたかったポールはバスの旅になるのが悲しかった。

> so というつなぎ言葉は「そして」「だから」のような意味で，前後の文をつなぐことができます。

① Paul's father works for a bus company, so they can get free
　　 主語① 　　　　　動詞① 　　　　　　　　　　　　　　主語② 　動詞② 　　目的語②

bus tickets.

ポールの父はバス会社に勤めているので，無料のバス乗車券を手に入れることができる。

② (Last year), their vacation was two weeks long.
　　　　　　　　　　主語 　　　　動詞 　　　補語

(昨年)，彼らの休暇は 2 週間だった。

> but というつなぎ言葉は「しかし」という意味で，前後の文をつなぐことができます。

③ But (this year), Paul's father is busy (at work).
　　　　　　　　　　　　主語 　　　　動詞 補語

しかし (今年)，ポールの父は (仕事で) いそがしい。

④ They (only) have ten days (for their vacation).
　　主語 　　　　　動詞 　目的語

彼らは (休暇を) 10 日間取れる (だけ) だ。

> spend 時間 ~ing は「～して時間を過ごす」という意味の表現です。

⑤ They will spend two days traveling (on the bus) and eight
　　主語 　　　動詞 　　　目的語① 　　　　　　　　　　　　　　目的語②

days (in Florida).

彼らは 2 日間 (バスで) 旅をして 8 日間 (フロリダで) 過ごすだろう。

⑥ Paul was sad (because he wanted to fly (in an airplane) or
　　主語 動詞 補語 　　　　　　主語' 　　動詞'

take a train).

ポールは ((飛行機で) 行くか列車に乗るかしたかったので) 悲しかった。

ポールはマイアミで野球の試合に連れて行ってもらえるので，わくわくしている。

① They will go (to Miami).
　　主語　　動詞

彼らは (マイアミに) 行くだろう。

> there ＋ be 動詞＋名詞 の形は「〜がある，〜がいる」という意味になります。be 動詞とは，is や are のような動詞のことです。

② People can swim (at the beach), and there is a big zoo
　　主語①　　　動詞①　　　　　　　　　　　　　　　　　動詞②　　主語②
(there).

(ビーチで) 泳ぐことができて，(そこには) 大きな動物園がある。

③ Paul's sister wants to go (to a museum).
　　　　主語　　　　　動詞

ポールの姉は (美術館に) 行きたいと思っている。

④ Paul asked his parents, "Can you take me (to a baseball
　　主語①　動詞①　　目的語①　　　動詞②　主語②　　目的語②
game) ?"

ポールは両親に「僕を (野球の試合に) 連れて行ってもらえるか」と尋ねた。

⑤ They said yes, so he is excited.
　　主語①　動詞①　目的語①　　主語②　動詞②　補語②

彼らが了解したので，彼はわくわくしている。

サイトトランスレーション

⇒別冊 p.28 ～ 29

1 Paul's family will go /	ポールの家族は行く予定だ
on a trip. //	旅行に。
Yesterday, /	昨日,
they had /	彼らはした
a family meeting /	家族会議を
about the trip. //	その旅行についての。
His father said, /	父は言った,
"I want to go /	「私は行きたい
camping." //	キャンプをしに」と。
His sister said, /	彼の姉は言った,
"I want to go /	「私は行きたい
surfing /	サーフィンをしに
in California." //	カリフォルニアで」と。
But Paul and his mother wanted to visit /	しかしポールと母は訪ねたかった
Florida. //	フロリダを。
The family decided /	一家は決めた
to visit Florida /	フロリダを訪ねることに
this year. //	今年は。
2 Paul's father works /	ポールの父は勤めている

for a bus company, /	バス会社に,
so they can get /	だから彼らは手に入れることができる
free bus tickets. //	無料のバス乗車券を。
Last year, /	昨年,
their vacation was two weeks long. //	彼らの休暇は2週間だった。
But this year, /	しかし今年は,
Paul's father is busy /	ポールの父はいそがしい
at work. //	仕事で。
They only have /	彼らは取るだけだ
ten days /	10日間
for their vacation. //	休暇のために。
They will spend /	彼らは過ごすだろう
two days /	2日間
traveling on the bus /	バスで旅をして
and eight days /	そして8日間
in Florida. //	フロリダで。
Paul was sad /	ポールは悲しかった
because he wanted to fly /	彼は飛びたかったので
in an airplane /	飛行機で
or take a train. //	または列車に乗りたかった。
3 They will go /	彼らは行くだろう
to Miami. //	マイアミに。

People can swim /	人々は泳ぐことができる,
at the beach, /	ビーチで,
and there is a big zoo /	そして大きな動物園がある
there. //	そこには。
Paul's sister wants to go /	ポールの姉は行きたいと思っている
to a museum. //	美術館に。
Paul asked his parents, /	ポールは両親に尋ねた,
"Can you take me /	「僕を連れて行けるか
to a baseball game?" //	野球の試合に」と。
They said yes, /	両親は了解した,
so he is excited. //	だから彼はわくわくしている。

The Family Trip

Paul's family will go on a trip. Yesterday, they had a family meeting about the trip. His father said, "I want to go camping." His sister said, "I want to go surfing in California." But Paul and his mother wanted to visit Florida. The family decided to visit Florida this year.

Paul's father works for a bus company, so they can get free bus tickets. Last year, their vacation was two weeks long. But this year, Paul's father is busy at work. They only have ten days for their vacation. They will spend two days traveling on the bus and eight days in Florida. Paul was sad because he wanted to fly in an airplane or take a train.

They will go to Miami. People can swim at the beach, and there is a big zoo there. Paul's sister wants to go to a museum. Paul asked his parents, "Can you take me to a baseball game?" They said yes, so he is excited.

家族旅行

ポールの家族は旅行に出かける予定である。昨日，彼らはその旅行について家族会議をした。父は「キャンプに行きたい」と言った。姉は「カリフォルニアへサーフィンをしに行きたい」と言った。しかし，ポールと母はフロリダを訪ねたかった。一家は今年はフロリダを訪ねることに決めた。

ポールの父はバス会社に勤めているので，無料のバス乗車券を手に入れることができる。昨年，彼らの休暇は2週間だった。しかし今年，父は仕事でいそがしい。休暇は10日間取れるだけだ。彼らは2日間バスで旅をして，8日間フロリダで過ごすだろう。ポールは飛行機で行くか列車に乗るかしたかったので，悲しかった。

彼らはマイアミに行くだろう。ビーチで泳ぐことができて，そこには大きな動物園がある。ポールの姉は美術館に行きたいと思っている。ポールは両親に「野球の試合に連れて行ってもらえるか」と尋ねた。両親が了解したので，彼はわくわくしている。

⇒別冊 p.30 ～ 31

解答と解説

解答

(1) ② (2) ① (3) ③ (4) ④ (5) ④

解説

(1) 第1段落の第3文に They started walking at <u>9:00 a.m.</u> とあるので，**2** が正解。

> **設問・選択肢の和訳**

(1) ヘンリーの家族は何時にハイキングを始めたか。

×**1** 午前7時。 ○**2** 午前9時。 ×**3** 午前11時。 ×**4** 午前11時30分。

---

(2) 第2段落の第1文に Henry's mother said, "I think <u>this is the wrong way.</u>" とあり，第3文に His father said, "<u>You're right.</u>" とあるので，**1** が正解。

> **設問・選択肢の和訳**

(2) 午前中に何が起きたか。

○**1** ヘンリーの家族はまちがった道を行った。

×**2** ヘンリーの家族は地図をなくした。

×**3** ヘンリーと姉はけんかした。

×**4** ヘンリーの姉が道に迷った。

---

(3) 第2段落の第11文の後半から第12文にかけて they stopped for lunch. It was <u>sunny</u> とあるので，**3** が正解。

> **設問・選択肢の和訳**

(3) 昼食時の天気はどうだったか。

×**1** 寒い。 ×**2** 曇り。 ○**3** 晴れ。 ×**4** 風が強い。

---

(4) 第2段落の最後の文の後半に they swam in the water for <u>40 minutes</u> とあるので，**4** が正解。

134

設問・選択肢の和訳

(4) 彼らはどのくらいの時間泳いだか。

×**1** 1時間。　×**2** 2時間。　×**3** 30分。　〇**4** 40分。

(5) 第3段落の第2文に he [= Henry] was <u>happy</u> after lunch とあるので，**4** が正解。

設問・選択肢の和訳

(5) ヘンリーは午後にどう感じたか。

×**1** つかれた。　×**2** お腹がすいた。　×**3** 寒い。　〇**4** 楽しい。

語句

〈タイトル〉

☐ hiking trip　　ハイキング旅行

〈第1段落〉

☐ went < go　　(動) 行く

☐ leave　　(動) 出発する

☐ drove < drive　　(drive to ~で) 車で ~へ行く

☐ start ~ing　　~し始める

☐ a little　　少し

☐ cloudy　　(形) 曇っている

〈第2段落〉

☐ check　　(動) ~を確認する

☐ map　　(名) 地図

☐ right　　(形) 正しい

☐ walk back　　歩いて引き返す

☐ kilometer　　(名) キロメートル

☐ then　　(副) そのとき

☐ tired　　(形) つかれた

☐ hungry　　(形) 空腹の

☐ still　　(副) まだ

☐ too　　(副) ~すぎる

☐ early　　(形) 早い

☐ need to do　　~する必要がある

☐ sunny　　(形) 晴れた

☐ feel better　　気分がよくなる

☐ swam < swim　　(動) 泳ぐ

〈第3段落〉

☐ top　　(名) 頂上

☐ view　　(名) 景色

☐ great　　(形) すばらしい

〈設問・選択肢〉

☐ happen　　(動) 起こる

☐ lost < lose　　(動) ~をなくす

☐ have a fight　　けんかする

☐ get lost　　道に迷う

☐ lunchtime　　(名) 昼食時間

☐ windy　　(形) 風の強い

135

構造確認　※読みまちがえた部分の確認に使用してください。　⇒別冊 p.30 ～ 31

第 1 段落

ヘンリーの家族は日曜日の朝にハイキングに出かけた。少し寒くて，曇っていた。

① (On Sunday), Henry's family went hiking.
　　　　　　　　　　　　主語　　　　　動詞

(日曜日に)，ヘンリーの家族はハイキングに行った。

② They left (at 7:00 a.m.) and drove (to a mountain).
　　主語　動詞①　　　　　　　　　　　　動詞②

彼らは (午前 7 時に) 出発して車で (山へ) 行った。

③ They started [walking] (at 9:00 a.m.)
　　主語　　動詞　　　目的語

彼らは (午前 9 時に) [歩き] 始めた。

a little は「少し…」という意味で，形容詞の前につけることができます。「とても…」という場合には very を使います。

④ It was a little cold and cloudy.
　主語 動詞　　　　　補語

少し寒くて曇っていた。

第 2 段落

一家は道をまちがえたことに気づき，3 キロ歩いて引き返した。昼ごろには晴れて，彼らは気分がよくなり川で泳いだ。

① (After walking for two hours), Henry's mother said, "I think
　　　　目的語②　　　　　　　　　　　　　主語①　　　　動詞① 主語② 動詞②
[this is the wrong way]."
　主語' 動詞'　　補語'

(2 時間歩いたあと)，ヘンリーの母が言った，「[これはまちがった道だ] と思う。」

② They checked the map.
　　主語　　動詞　　　目的語

彼らは地図を確認した。

③ His father said, "You're right."
主語① 動詞① 主語② 動詞② 補語②

彼の父は言った,「そのとおりだ。」

④ They walked back (for three kilometers).
主語 動詞

彼らは (3 キロ) 歩いて引き返した。

> 時間や天気のことを述べる場合, 主語には it を使います。この it には「それ」という意味はありません。

⑤ (Then), it was 11:00 a.m.
主語 動詞 補語

(そのとき), 時刻は午前 11 時だった。

⑥ They were tired and hungry.
主語 動詞 補語

彼らはつかれて空腹だった。

⑦ Henry's sister said, "Let's stop.
主語① 動詞① 動詞②

ヘンリーの姉は言った,「止まりましょう。

⑧ I'm hungry."
主語 動詞 補語

私はお腹がすいています。」

⑨ But his father said, "It's (still) too early (for lunch).
主語① 動詞① 主語② 動詞② 補語②

しかし彼の父は言った,「(昼食には) (まだ) 早すぎる。

> need to 動詞 は「…する必要がある」という意味になります。

⑩ We need to walk (for 30 more minutes)."
主語 動詞

> ここでの for という前置詞は「~の間」という意味で使われています。

私たちは (あと 30 分) 歩く必要がある。」

⑪They walked (until 11:30), and (then) they stopped (for lunch).
　　 主語① 　動詞① 　　　　　　　　　　　　　　　 主語② 　　動詞②

彼らは（11 時 30 分まで）歩き，（それから）（昼食のために）止まった。

> better は good の比較級です。feel better で
> 「よりよい気分になる」という意味になります。

⑫ It was sunny, and they felt better.
　 主語① 動詞① 　補語① 　　 主語② 動詞② 　補語②

晴れていて，彼らは気分がよくなった。

⑬ There was a river (there), and they swam (in the water) (for
　　動詞① 　　 主語① 　　　　　　　 主語② 　　動詞②

40 minutes).

（そこには）川があり，彼らは（40 分の間）（水の中で）泳いだ。

第 3 段落

ヘンリーは，午前中はつらかったが午後は楽しかった。すばらしい 1 日だった。

> and を使って 3 つ以上のものを並べるには、A, B, and C という形を使います。
> この文では，cold, tired, hungry という 3 つの形容詞が並んでいます。

① (In the morning), Henry was cold, tired, and hungry.
　　　　　　　　　 主語 　 動詞 　　　　補語

（午前中），ヘンリーは寒くて，つかれて，空腹だった。

② But he was happy (after lunch).
　　 主語 動詞 　補語

しかし（昼食後）彼は楽しかった。

> at the top of ~ は「~の頂上に」という意味の表現です。

③ (At the top 〈of the mountain〉), he saw a beautiful view.
　　　　　　　　　　　　　　　　 主語 　動詞 　　　 目的語

（〈山〉頂で），彼は美しい景色を見た。

④ It was a great day.
　主語 動詞 　　補語

すばらしい一日だった。

138

サイトトランスレーション

⇒別冊 p.30 ～ 31

1 On Sunday, /	日曜日に,
Henry's family went /	ヘンリーの家族は行った
hiking. //	ハイキングに。
They left /	彼らは出発した
at 7:00 a.m. /	午前 7 時に
and drove /	そして車で行った
to a mountain. //	山へ。
They started walking /	彼らは歩き始めた
at 9:00 a.m. //	午前 9 時に。
It was a little cold and cloudy. //	少し寒くて曇っていた。
2 After walking /	歩いたあと
for two hours, /	2 時間,
Henry's mother said, /	ヘンリーの母が言った,
"I think /	「私は思う
this is the wrong way." //	これはまちがった道だ」と。
They checked /	彼らは確認した
the map. //	地図を。
His father said, /	父は言った,
"You're right." //	「そのとおりだ」と。
They walked back /	彼らは歩いて引き返した

for three kilometers. //	３キロ。
Then, /	そのとき,
it was 11:00 a.m. //	午前 11 時だった。
They were tired /	彼らはつかれていた
and hungry. //	そして空腹だった。
Henry's sister said, /	ヘンリーの姉は言った,
"Let's stop. //	「止まりましょう。
I'm hungry." //	私はお腹がすいている」と。
But his father said, /	しかし彼の父は言った,
"It's still too early /	「まだ早すぎる
for lunch. //	昼食には。
We need to walk /	私たちは歩く必要がある
for 30 more minutes." //	あと 30 分」と。
They walked /	彼らは歩いた
until 11:30, /	11 時 30 分まで,
and then /	それから
they stopped /	止まった
for lunch. //	昼食のために。
It was sunny, /	晴れていた,
and they felt better. //	そして彼らは気分がよくなった。
There was a river /	川があった
there, /	そこには,

and they swam /	そして彼らは泳いだ
in the water /	水の中で
for 40 minutes. //	40分の間。
3 In the morning, /	午前中,
Henry was cold, tired, and hungry. //	ヘンリーは寒くて, つかれて, 空腹だった。
But he was happy /	しかし彼は楽しかった
after lunch. //	昼食後。
At the top of the mountain, /	山頂で,
he saw /	彼は見た
a beautiful view. //	美しい景色を。
It was a great day. //	すばらしい一日だった。

Henry's Hiking Trip

On Sunday, Henry's family went hiking. They left at 7:00 a.m. and drove to a mountain. They started walking at 9:00 a.m. It was a little cold and cloudy.

After walking for two hours, Henry's mother said, "I think this is the wrong way." They checked the map. His father said, "You're right." They walked back for three kilometers. Then, it was 11:00 a.m. They were tired and hungry. Henry's sister said, "Let's stop. I'm hungry." But his father said, "It's still too early for lunch. We need to walk for 30 more minutes." They walked until 11:30, and then they stopped for lunch. It was sunny, and they felt better. There was a river there, and they swam in the water for 40 minutes.

In the morning, Henry was cold, tired, and hungry. But he was happy after lunch. At the top of the mountain, he saw a beautiful view. It was a great day.

ヘンリーのハイキング旅行

日曜日に，ヘンリーの家族はハイキングに行った。午前7時に出発して，車で山へ行った。彼らは午前9時に歩き始めた。少し寒くて，曇っていた。

2時間歩いたあと，ヘンリーの母が「この道はまちがっていると思うわ」と言った。彼らは地図を確認した。父は「そのとおりだ」と言った。彼らは3キロ歩いて引き返した。そのとき，時刻は午前11時だった。彼らはつかれて空腹だった。ヘンリーの姉は「止まりましょう。お腹がすいたわ」と言った。しかし，父は「昼食にはまだ早すぎる。あと30分歩かないと」と言った。彼らは11時30分まで歩き，それから昼食のために止まった。晴れていて，気分がよくなった。そこには川があり，40分の間，水の中で泳いだ。

午前中，ヘンリーは寒くてつかれて空腹だった。しかし，昼食後は楽しかった。山頂で彼は美しい景色を見た。すばらしい一日だった。

⇒別冊 p.32 〜 33

解答と解説

解答

(1) ①   (2) ③   (3) ③   (4) ②   (5) ④

解説

(1) 第 1 段落の第 4 文に He [= Dale] said,"I want a brother." とあるので, **1** が正解。

設問・選択肢の和訳

(1) デールの母が大切な知らせについて話したとき, 彼は
○ **1**　弟がほしいと思っていた。　　　× **2**　彼女に腹を立てた。
× **3**　彼女をおどろかせることがあった。　　× **4**　とてもいそがしかった。

---

(2) 第 2 段落の最後の文に When the clothes were dirty, Dale washed them. とあるので, **3** が正解。

設問・選択肢の和訳

(2) デールはどんな仕事をしたか。
× **1**　家に掃除機をかけた。　× **2**　浴室をきれいにした。
○ **3**　服を洗った。　　× **4**　車を洗った。

---

(3) 第 3 段落の第 1・2 文に On September 22, ... Dale's father drove her [=Dale's mother] to the hospital. とあり, 同じ段落の第 5 文に The next morning, on September 23, they went to the hospital. とある。そこでデールは妹と会っていることから, 9 月に生まれたとわかるので, 正解は **3**。

設問・選択肢の和訳

(3) デールの母はいつ赤ちゃんを産んだか。
× **1**　4 月。　× **2**　7 月。　○ **3**　9 月。　× **4**　10 月。

---

(4) 第 3 段落の第 3 文に Dale's mother's friend came to his house to take care of him. とあるので, **2** が正解。

設問・選択肢の和訳

(4) 9月22日に誰がデールの世話をしたか。
×1 デールの母。　○2 デールの母の友人。
×3 デールの妹。　×4 デールの父。

(5) 第3段落の第5文に The next morning, on September 23, ... とあるので，9月23日のことはこれよりあとに書かれている。最後の文に He [= Dale] was excited とあるので，正解は **4**。

設問・選択肢の和訳

(5) 9月23日，デールは…
×1 お腹がすいた。　×2 残念に思った。
×3 心配になった。　○4 わくわくした。

語句

〈第1段落〉
□ one day　　　ある日
□ heard < hear　(動)聞く
□ important　　(形)重要な
□ have a baby　出産する
□ surprised　　(形)おどろいた
□ sorry　　　　(形)すまないと［残念に］思って

〈第2段落〉
□ work at a job　仕事をする
□ help ~ with...　~の…を手伝う
□ clean　　　　(動)~をきれいにする
□ bathroom　　(名)浴室，トイレ
□ clothes　　　(名)服
□ dirty　　　　(形)汚れた
□ wash　　　　(動)~を洗う

〈第3段落〉
□ It is time.　　もう時間だ。
□ drive ~ to ...　~を車で…まで送る
□ hospital　　　(名)病院
□ take care of ~　~の世話をする
□ both　　　　(副)両方とも
□ worried　　　(形)心配して
□ cute　　　　(形)かわいい
□ excited　　　(形)わくわくする
□ person　　　(名)人

〈設問・選択肢〉
□ get angry at ~　~に腹を立てる
□ a surprise for ~　~にとっておどろかせる［意外な］こと
□ busy　　　　(形)いそがしい

構造確認　※読みまちがえた部分の確認に使用してください。　⇒別冊 p.32 ～ 33

第 1 段落

デールは母から赤ちゃん（妹）が生まれると聞かされ，おどろいた。

① (One day in April), Dale heard important news (from his
　　　　　　　　　　　　主語　　動詞　　　　目的語

mother).

(4 月のある日)，デールは (母から) 大切な知らせを聞いた。

② She said, "I'm having a baby."
　主語①　動詞①　主語②　動詞②　　目的語②

彼女は言った，「赤ちゃんを産むの。」

③ Dale was surprised.
　主語　　動詞　　補語

デールは驚いた。

④ He said, "I want a brother."
　主語①　動詞①　主語②　動詞②　　目的語②

彼は言った，「僕は弟がほしい。」

⑤ But his mother said, "Sorry, you will have a sister."
　　　主語①　　　動詞①　　　　主語②　　動詞②　　目的語②

しかし母は言った，「ごめんなさい，あなたは妹を持つことになるわ。」

第 2 段落

母は仕事をやめて，デールと父は家事を手伝った。

> stop ～ing は「…することをやめる」という
> 意味になります。この～ing は動名詞です。

① (In July), his mother stopped [working (at her job)].
　　　　　　　主語　　　　動詞　　　　　目的語

(7 月に)，彼の母は [((仕事で) 働くこと] をやめた。

146

② Dale and his father helped her (with the housework).
<u>主語</u> <u>動詞</u> <u>目的語</u>

デールと父は (家事を) 手伝った。

③ His father vacuumed the house and cleaned the bathroom.
<u>主語</u> <u>動詞①</u> <u>目的語①</u> <u>動詞②</u> <u>目的語②</u>

彼の父は家に掃除機をかけ, 浴室をきれいにした。

> この文での when はつなぎ言葉として使われています。when 主語＋動詞 という形で「～が…するとき」という意味になります。

④ (When the clothes were dirty), Dale washed them.
<u>主語'</u> <u>動詞'</u> <u>補語'</u> <u>主語</u> <u>動詞</u> <u>目的語</u>

(服が汚れたときは), デールがそれらを洗った。

第３段落

赤ちゃんが生まれ, デールは新しい家族ができたことにわくわくしていた。

① (On September 22), Dale's mother said, "It is time!"
<u>主語①</u> <u>動詞①</u> <u>主語②</u><u>動詞②</u> <u>補語②</u>

(9 月 22 日に), デールの母は言った, 「時間 (そろそろ) よ！」

② Dale's father drove her (to the hospital).
<u>主語</u> <u>動詞</u> <u>目的語</u>

デールの父は車で彼女を (病院まで) 送った。

③ Dale's mother's friend came (to his house) (to take care of
<u>主語</u> <u>動詞</u>

him).

> to ＋動詞 (to 不定詞) はさまざまな意味で使われますが, この文では「…するために」という意味で, 何かをする目的を表しています。

デールの母の友人が (彼を世話するために) (家に) 来た。

④ They were both worried (about his mother and the new
<u>主語</u> <u>動詞</u> <u>補語</u>

baby).

彼らは２人とも (母と生まれてくる赤ちゃんのことが) 心配だった。

⑤ (The next morning), (on September 23), they went (to the

hospital).
<u>　　</u>　　<u>　　</u>
主語　　　動詞

(翌朝),（9 月 23 日に），彼らは (病院に) 行った。

⑥ Dale saw his new sister.
<u>　</u>　<u>　</u>　<u>　　　</u>
主語　動詞　　目的語

デールは彼の新しい妹に会った。

⑦ She was cute.
<u>　</u>　<u>　</u>　<u>　</u>
主語　動詞　補語

彼女はかわいかった。

> この文での to 不定詞は「…して」という意味で，その
> 気持ちになった理由を表すために使われています。

⑧ He was excited (to have a new person (in his family)).
<u>　</u>　<u>　</u>　<u>　　</u>
主語　動詞　補語

彼は ((家族に) 新しい人 (妹) が加わって) わくわくしていた。

148

サイトトランスレーション

⇒別冊 p.32 ~ 33

1 One day /	ある日
in April, /	4月の,
Dale heard /	デールは聞いた
important news /	大切な知らせを
from his mother. //	彼の母から。
She said, /	彼女は言った,
"I'm having a baby." //	「私は赤ちゃんを産むの」と。
Dale was surprised. //	デールはおどろいた。
He said, /	彼は言った,
"I want /	「僕はほしい
a brother." //	弟が」と。
But his mother said, /	しかし母は言った,
"Sorry, /	「ごめんなさい,
you will have /	あなたは持つことになるわ
a sister." //	妹を」と。
2 In July, /	7月に,
his mother stopped working /	彼の母は働くのをやめた
at her job. //	仕事で。
Dale and his father helped /	デールと父は手伝った
her with the housework. //	家事で彼女を。

149

His father vacuumed /	父は掃除機をかけた
the house /	家に
and cleaned /	そしてきれいにした
the bathroom. //	浴室を。
When the clothes were dirty, /	服が汚れたときは，
Dale washed them. //	デールがそれらを洗った。
3 On September 22, /	9月22日に，
Dale's mother said, /	デールの母は言った，
"It is time!" //	「時間よ！」と。
Dale's father drove her /	デールの父は彼女を車で送った
to the hospital. //	病院へ。
Dale's mother's friend came /	デールの母の友人が来た
to his house /	彼の家に
to take care of him. //	彼を世話するために。
They were both worried /	彼らは2人とも心配していた
about his mother and the new baby. //	母と新しい（生まれてくる）赤ちゃんのことを。
The next morning, /	翌朝，
on September 23, /	9月23日に，
they went /	彼らは行った
to the hospital. //	病院に。
Dale saw /	デールは会った

his new sister. //	彼の新しい妹に。
She was cute. //	彼女はかわいかった。
He was excited /	彼はわくわくしていた
to have a new person /	新しい人（妹）を持って
in his family. //	家族に。

問題英文と全訳

Dale's New Sister

One day in April, Dale heard important news from his mother. She said, "I'm having a baby." Dale was surprised. He said, "I want a brother." But his mother said, "Sorry, you will have a sister."

In July, his mother stopped working at her job. Dale and his father helped her with the housework. His father vacuumed the house and cleaned the bathroom. When the clothes were dirty, Dale washed them.

On September 22, Dale's mother said, "It is time!" Dale's father drove her to the hospital. Dale's mother's friend came to his house to take care of him. They were both worried about his mother and the new baby. The next morning, on September 23, they went to the hospital. Dale saw his new sister. She was cute. He was excited to have a new person in his family.

デールの新しい妹

4月のある日，デールは母から大切な知らせを聞いた。彼女は「赤ちゃんを産むの」と言った。デールはおどろいた。彼は「弟がほしい」と言った。しかし，母は「ごめんね，あなたは妹を持つことになるわ」と言った。

7月に，母は仕事をやめた。デールと父は家事を手伝った。父は家に掃除機をかけ，浴室をきれいにした。服が汚れたときは，デールが洗った。

9月22日に，母は「そろそろよ！」と言った。父は車で彼女を病院まで送った。デールを世話するために母の友人が家に来た。2人とも母と生まれてくる赤ちゃんのことが心配だった。翌日の9月23日の朝，彼らは病院に行った。デールは新しい妹に会った。彼女はかわいかった。彼は新しい家族ができてわくわくしていた。

⇒別冊 p.34 ～ 35

解答と解説

解答

(1) ①　　(2) ②　　(3) ①　　(4) ③　　(5) ④

解説

(1) 第1段落の第6文に Vicky got a watch. とあるので，**1** が正解。

設問・選択肢の和訳

(1) エミリーは…に時計をあげた

○ **1**　ヴィッキー。　　× **2**　ヴィッキーの母。

× **3**　ヴィッキーの父。　　× **4**　ヴィッキーの弟。

(2) 第1段落の第8・9文に She [= Vicky] said, "Thanks, Emily. You're really kind." とあるので，**2** が正解。

設問・選択肢の和訳

(2) ヴィッキーにとって，エミリーは…だった

× **1**　かわいい。　○ **2**　親切だ。　× **3**　興味深い。　× **4**　悲しい。

(3) 第2段落の最後の文に Emily said, "I want to study here [= at Cambridge University] someday." とあるので，**1** が正解。

設問・選択肢の和訳

(3) エミリーは…したい

○ **1**　ケンブリッジで勉強する。　× **2**　ブライトン・ビーチで泳ぐ。

× **3**　古い建物に住む。　　× **4**　もっと多くのイギリス人の友人を持つ。

(4) 第3段落の第3文に Vicky taught Emily the way to play an English game called cricket. とあるので，**3** が正解。

設問・選択肢の和訳

(4) ヴィッキーはエミリーに…のやり方を教えた

×**1** サッカー。　×**2** テニス。　○**3** クリケット。　×**4** ソフトボール。

---

(5) 第 3 段落の第 5 文に Emily had to go back to America <u>in October</u>. とあるので，**4** が正解。

設問・選択肢の和訳

(5) エミリーはいつ帰国したか。

×**1**　7 月。　×**2**　8 月。　×**3**　9 月。　○**4**　10 月。

語句

〈タイトル〉

□ homestay	(名) ホームステイ

〈第 1 段落〉

□ chocolate	(名) チョコレート
□ toy car	おもちゃの車
□ little brother	弟
□ cute	(形) かわいい
□ really	(副) 本当に
□ kind	(形) 親切な，優しい

〈第 2 段落〉

□ take ~ to ...	~を…へ連れて行く
□ place	(名) 場所
□ university	(名) 大学
□ building	(名) 建物

〈第 3 段落〉

□ together	(副) いっしょに
□ taught < teach	(動) 教える
□ way	(名) やり方
□ English	(形) イングランドの，イギリスの
□ game	(名) 競技，スポーツ
□ have to do	~しなければならない
□ go back to ~	~に帰る
□ sad	(形) 悲しい
□ How about ~ing?	~してはどうですか。

〈設問・選択肢〉

□ want to do	~したい
□ go home	帰国する，帰宅する

構造確認　※読みまちがえた部分の確認に使用してください。　⇒別冊 p.34 ～ 35

第 1 段落

ロンドンのヴィッキーの家にアメリカ人の少女エミリーがホームステイにやってきた。

① Vicky lives (in London, England).
　　　　主語　　動詞

ヴィッキーは (イギリスのロンドンに) 住んでいる。

② (Last July), an American girl came (to live with Vicky's
　　　　　　　　　　主語　　　　　動詞

family) (for a homestay).

> この文での to 不定詞は「…するために」という意味で，目的を表すために使われています。

(この前の 7 月)，アメリカ人の女の子が(ホームステイで) (ヴィッキーの家族と住むために) 来た。

③ Her name was Emily, and she was (from Boston).
　　主語①　　動詞①　補語①　　　主語②　動詞②

彼女の名前はエミリーで，(ボストン出身) だった。

> give という動詞は 2 つの目的語をとることができます。give A B で「A に B を与える」という意味になります。また，⑤の文の後半にあるように give B to A という言い方もあります。

④ She gave everyone presents.
　　主語　動詞　　目的語　　目的語

彼女はみんなにプレゼントをあげた。

⑤ Vicky's parents got chocolates, and Emily gave a toy car (to
　　主語①　　　　動詞①　目的語①　　　主語②　動詞②　目的語②

Vicky's little brother).

ヴィッキーの両親はチョコレートをもらって，エミリーは (ヴィッキーの弟に) おもちゃの車をあげた。

⑥ Vicky got a watch.
　　主語　動詞　目的語

ヴィッキーは時計をもらった。

⑦ It was cute.
主語 動詞 補語

それはかわいかった。

⑧ She said, "Thanks, Emily.
主語 動詞

彼女は言った，「ありがとう，エミリー。

You're は You are の短縮形です。会話では，よく短縮形が使われます。

⑨ You're (really) kind."
主語 動詞 補語

あなたは (本当) に親切ね。」

第2段落

ヴィッキーの家族は，エミリーをビーチや大学など多くの場所に連れて行った。

take にはさまざまな意味がありますが，この文では「連れて行く」という
意味です。take A to B で「A を B へ連れて行く」という意味になります。

① They took Emily (to many places).
主語 動詞 目的語

彼らはエミリーを (多くの場所へ) 連れて行った。

② (In August), they went (to Brighton Beach).
主語 動詞

(8月に)，彼らは (ブライトン・ビーチに) 行った。

③ It was crowded, but the ocean was beautiful.
主語① 動詞① 補語① 主語② 動詞② 補語②

そこは混んでいたが，海は美しかった。

④ They took her (to see Cambridge University) (in September).
主語 動詞 目的語

(9月には) (ケンブリッジ大学を見学しに) 彼女を連れて行った。

⑤ The old buildings were very beautiful.
主語 動詞 補語

古い建物は非常に美しかった。

⑥ Emily said, "I want to study (here) (someday)."
　　主語① 　　動詞① 　主語②動詞②

エミリーは言った，「(いつか) (ここで) 勉強したい。」

第3段落

彼女たちはよい友人となり，エミリーはヴィッキーを来年アメリカに来るよう誘った。

① Vicky and Emily became good friends.
　　　　　主語　　　　　　　動詞　　　　　補語

ヴィッキーとエミリーはよい友人になった。

② They played soccer and tennis (together).
　　主語　　動詞　　　　　　目的語

彼女たちは (いっしょに) サッカーやテニスをした。

③ Vicky taught Emily the way 〈to play an English game 〈called
　　主語　　動詞　　目的語　　　　　　　　　　　　　　　目的語

cricket〉〉.　taughtはteachの過去形です。teachは目的語を2つとることができ，
　　　　　　teach A B で「A に B を教える」という意味になります。

ヴィッキーはエミリーに《《クリケットという》イングランドのスポーツの》や
り方を教えた。

④ Emily taught Vicky the way 〈to play softball〉.
　　主語　　動詞　　目的語　　　　　　目的語

エミリーはヴィッキーに〈ソフトボールの〉やり方を教えた。

⑤ Emily had to go back (to America) (in October).
　　主語　　　動詞

エミリーは (10月に) (アメリカに) 帰らなければならなかった。

⑥ Vicky was sad, but Emily said, "How about coming (to
　　主語①　動詞①　補語①　　　主語②　　動詞②

America) (next year)?"

ヴィッキーは悲しかったけれど，エミリーは (彼女に) 言った，「(来年) (アメ
リカに) 来るのはどう？」

158

サイトトランスレーション

⇒別冊 p.34 ~ 35

1 Vicky lives /	ヴィッキーは住んでいる
in London, England. //	イギリスのロンドンに。
Last July, /	この前の7月,
an American girl came /	アメリカ人の女の子が来た
to live /	住むために
with Vicky's family /	ヴィッキーの家族と
for a homestay. //	ホームステイで。
Her name was Emily, /	彼女の名前はエミリーだった,
and she was from Boston. //	そして彼女はボストン出身だった。
She gave /	彼女はあげた
everyone /	みんなに
presents. //	プレゼントを。
Vicky's parents got /	ヴィッキーの両親はもらった
chocolates, /	チョコレートを,
and Emily gave /	そしてエミリーはあげた
a toy car /	おもちゃの車を
to Vicky's little brother. //	ヴィッキーの弟に。
Vicky got /	ヴィッキーはもらった
a watch. //	時計を。
It was cute. //	それはかわいかった。

She said, /	彼女は言った,
"Thanks, /	「ありがとう,
Emily. //	エミリー。
You're really kind." //	あなたは本当に親切ね」と。
2 They took /	彼らは連れて行った
Emily /	エミリーを
to many places. //	多くの場所に。
In August, /	8月に,
they went /	彼らは行った
to Brighton Beach. //	ブライトン・ビーチに。
It was crowded, /	そこは混んでいた,
but the ocean was beautiful. //	しかし海は美しかった。
They took /	彼らは連れて行った
her /	彼女を
to see Cambridge University /	ケンブリッジ大学を見学しに
in September. //	9月に。
The old buildings were very beautiful. //	古い建物はとても美しかった。
Emily said, /	エミリーは言った,
"I want to study /	「私は勉強したい
here /	ここで
someday." //	いつか」と。
3 Vicky and Emily became /	ヴィッキーとエミリーはなった

Unit 18 サイトトランスレーション

good friends. //	よい友人に。
They played /	彼女たちはした
soccer and tennis /	サッカーやテニスを
together. //	いっしょに。
Vicky taught /	ヴィッキーは教えた
Emily /	エミリーに
the way to play /	やり方を
an English game /	イングランドのスポーツの
called cricket. //	クリケットという。
Emily taught /	エミリーは教えた
Vicky /	ヴィッキーに
the way to play /	やり方を
softball. //	ソフトボールの。
Emily had to go back /	エミリーは帰らなければならなかった
to America /	アメリカに
in October. //	10月に。
Vicky was sad, /	ヴィッキーは悲しかった,
but Emily said, /	けれどエミリーは言った,
"How about coming /	「来てはどうですか
to America /	アメリカに
next year?" //	来年」と。

161

Vicky's Homestay Sister

Vicky lives in London, England. Last July, an American girl came to live with Vicky's family for a homestay. Her name was Emily, and she was from Boston. She gave everyone presents. Vicky's parents got chocolates, and Emily gave a toy car to Vicky's little brother. Vicky got a watch. It was cute. She said, "Thanks, Emily. You're really kind."

They took Emily to many places. In August, they went to Brighton Beach. It was crowded, but the ocean was beautiful. They took her to see Cambridge University in September. The old buildings were very beautiful. Emily said, "I want to study here someday."

Vicky and Emily became good friends. They played soccer and tennis together. Vicky taught Emily the way to play an English game called cricket. Emily taught Vicky the way to play softball. Emily had to go back to America in October. Vicky was sad, but Emily said, "How about coming to America next year?"

ヴィッキーのホームステイの妹

　ヴィッキーはイギリスのロンドンに住んでいる。この前の7月，ホームステイでヴィッキーの家族と住むために，アメリカ人の女の子が来た。彼女の名前はエミリーで，ボストン出身だった。彼女はみんなにプレゼントをあげた。ヴィッキーの両親はチョコレートをもらって，エミリーはヴィッキーの弟におもちゃの車をあげた。ヴィッキーは時計をもらった。それはかわいかった。「ありがとう，エミリー。あなたは本当に親切ね」と言った。

　彼らはエミリーを多くの場所に連れて行った。8月に，彼らはブライトン・ビーチに行った。そこは混んでいたが，海は美しかった。9月には彼女をケンブリッジ大学の見学に連れて行った。古い建物はとても美しかった。エミリーは「いつかここで勉強したい」と言った。

　ヴィッキーとエミリーは，よい友人になった。彼女たちはいっしょにサッカーやテニスをした。ヴィッキーはエミリーに，クリケットというイングランドのスポーツのやり方を教えた。エミリーはヴィッキーに，ソフトボールのやり方を教えた。エミリーは10月にアメリカに帰らなければならなかった。ヴィッキーは悲しかったけれど，エミリーは「来年アメリカに来るのはどう？」と言った。

⇒別冊 p.36 ～ 37

解答と解説

解答

(1) ①   (2) ①   (3) ③   (4) ③   (5) ②

解説

(1) 第 1 段落の第 1 文でマークの母が "We'll go to Super World ..." と言っているのに対し，第 2 文でマークが "Can I bring my friend Anton?" と尋ねていることから，**1** が正解。

設問・選択肢の和訳

(1) マークは何をしたかったか。

○ **1**　アントンといっしょにスーパーワールドに行く。

× **2**　スーパーワールドに車で行く。

× **3**　アントンの家で遊ぶ。

× **4**　アントンを家に連れて来る。

(2) 第 2 段落の第 1 文に Mark was excited on Friday night. とあるので，**1** が正解。

設問・選択肢の和訳

(2) マークは金曜日の夜にどう感じたか。

○ **1**　わくわくする。　× **2**　つかれている。　× **3**　こわい。　× **4**　悲しい。

(3) 第 1 段落の最後の文の後半に they made a plan to go on Saturday とあるので，**3** が正解。

設問・選択肢の和訳

(3) マークはいつ遊園地に行ったか。

× **1**　水曜日。　× **2**　金曜日。　○ **3**　土曜日。　× **4**　日曜日。

(4) 第 2 段落の第 4 文の後半から第 5 文にかけて ... drove to Anton's house. They got there at 8:00. とあるので，**3** が正解。

(4) 彼らは何時にアントンの家に着いたか。

×1　6時30分。　　×2　7時45分。　　○3　8時。　　×4　9時。

---

(5) 第3段落の第3文に It was the most popular ride とある。この It はその前文の the rollercoaster を指しているので，**2** が正解。

(5) どの乗り物が最も人気があったか。

×1　ゴーカート。　　○2　ジェットコースター。
×3　バンパーカー。　　×4　海賊船。

語句

〈第1段落〉

☐ ask	（動）尋ねる
☐ bring	（動）〜を連れて来る
☐ call	（動）〜に電話する
☐ invite	（動）〜を誘う
☐ busy	（形）いそがしい
☐ make a plan	計画を立てる

〈第2段落〉

☐ excited	（形）わくわくした
☐ sleep	（動）眠る
☐ get up	起きる
☐ tired	（形）つかれた
☐ get in a car	車に乗る
☐ drive to 〜	〜へ車で行く
☐ then	（副）それから

〈第3段落〉

☐ first	（副）まず，最初に
☐ wait	（動）待つ
☐ go on 〜	〜に乗る
☐ popular	（形）人気のある
☐ ride	（名）乗り物
☐ have to do	〜しなければならない
☐ fun	（名）楽しいこと
☐ great	（形）すばらしい

〈設問・選択肢〉

☐ sad	（形）悲しい
☐ get to 〜	〜に着く

構造確認 ※読みまちがえた部分の確認に使用してください。 ⇒別冊 p.36 ~ 37

第 1 段落

マークはスーパーワールド遊園地に友達のアントンを誘い土曜日に行く計画を立てた。

① (On Wednesday), Mark's mother said, "We'll go (to Super
　　　　　　　　　　主語① 　　　　　動詞① 　　　主語② 動詞②
World amusement park) (on Sunday)."

(水曜日に)，マークの母は言った，「(日曜日に) (スーパーワールド遊園地に)
行くわよ。」

② Mark asked, "Can I bring my friend Anton?"
　　主語① 　　動詞① 　　　動詞② 主語② 　　　　　目的語②
マークは尋ねた，「友達のアントンを連れて来てもいい？」

③ Mark's mother said, "It's OK."
　　　　主語① 　　　　　動詞① 主語②動詞②補語②
マークの母は言った，「いいわよ。」

④ Mark called Anton and invited him.
　　主語 　　動詞① 　　目的語① 　　　　動詞② 　　目的語②
マークはアントンに電話して彼を誘った。

> to go 以下は，直前の a plan を修飾しています。このように，to 不定詞
> は直前の名詞にくっついて，その名詞を説明することもあります。

⑤ Anton was busy (on Sunday), so they made a plan ⟨to go (on
　　主語① 　　動詞① 　補語① 　　　　　　　　　　　主語② 　　動詞② 　　目的語②
Saturday)⟩.

アントンは (日曜日は) いそがしかったので，彼らは ⟨⟨(土曜日に) 行く⟩ 計画
を立てた。

第2段落

マークは金曜の夜にわくわくしてよく眠れず，土曜は朝早く起きたのでつかれていた。

① Mark was excited (on Friday night).
　　　主語　動詞　　　補語

マークは (金曜日の夜) わくわくしていた。

> couldはcanの過去形です。can＋動詞 は「…できる」という意味ですが，
> could not＋動詞 だと「…できなかった」という意味になります。

② He could not sleep (well).
　主語　　　　動詞

彼は (よく) 眠れなかった。

③ He got up (at 6:30) (on Saturday morning), so he was tired.
　主語①動詞①　　　　　　　　　　　　　　　　　　　　　　　主語②動詞②　補語②

彼は (土曜日の朝) (6時30分に) 起きたので，つかれていた。

> getという動詞にはさまざまな意味があり，後ろに続くものによって意味が変
> わります。get in ～だと「～に入る」という意味になります。また，⑤の文
> のように get there だと「そこに着く」という意味になります。

④ Mark and his mother got in the car (at 7:45) and drove (to
　　　　　　主語　　　　　　　　動詞①　　　　　　　　　　動詞②

Anton's house).

マークと母は (7時45分に) 車に乗り込んで (アントンの家に) 向かった。

⑤ They got (there) (at 8:00).
　主語　動詞

彼らは (そこに) (8時に) 着いた。

⑥ (Then), they drove (to the amusement park).
　　　　　主語　動詞

(それから)，彼らは車で (遊園地に) 行った。

⑦ It opened (at 9:00).
　主語　動詞

それ (遊園地) は (9時に) 開園した。

遊園地ではさまざまなものに乗り，１時間待たされた乗り物もあったが，楽しかった。

① (First), they went on go-carts.
　　　　　　主語　動詞

（最初に），彼らはゴーカートに乗った。

② (Then), they waited (to go on the rollercoaster).
　　　　　　主語　動詞

（それから），彼らは（ジェットコースターに乗るために）待った。

> the most 形容詞 は「最も…」という意味
> になります。the most popular で「最も
> 人気がある」という意味です。

> この文での前置詞 for は「〜の間」
> という意味で使われています。

③ It was the most popular ride, so they had to wait (for one
主語① 動詞①　　　　　　補語①　　　　　　　　主語②　　　動詞②

hour).

それは最も人気の乗り物だったので，彼らは（１時間）待たなければならな
かった。

④ They were scared, but it was (also) fun!
　主語①　動詞①　　補語①　　主語②動詞②　　　　補語②
彼らは怖がったが，それは楽しく（も）あった！

⑤ (Then), they went on the bumper cars and the pirate ship.
　　　　　　主語　動詞

（そのあとで），彼らはバンパーカーと海賊船に乗った。

⑥ It was a great day.
　主語　動詞　　　補語

すばらしい一日だった。

サイトトランスレーション

⇒別冊 p.36 ～ 37

1 On Wednesday, /	水曜日に,
Mark's mother said, /	マークの母が言った,
"We'll go /	「私たちは行くわよ
to Super World amusement park /	スーパーワールド遊園地に
on Sunday." //	日曜日に」と。
Mark asked, /	マークは尋ねた,
"Can I bring /	「僕は連れて来てもいい
my friend Anton?" //	友達のアントンを」と。
Mark's mother said, /	母は言った,
"It's OK." //	「いいわよ」と。
Mark called /	マークは電話した
Anton /	アントンに
and invited him. //	そして彼を誘った。
Anton was busy /	アントンはいそがしかった
on Sunday, /	日曜日には,
so they made a plan /	だから彼らは計画を立てた
to go /	行く
on Saturday. //	土曜日に。
2 Mark was excited /	マークはわくわくしていた
on Friday night. //	金曜日の夜に。

169

He could not sleep /	彼は眠れなかった
well. //	よく。
He got up /	彼は起きた
at 6:30 /	6時30分に
on Saturday morning, /	土曜日の朝,
so he was tired. //	だから彼はつかれていた。
Mark and his mother got in the car /	マークと母は車に乗り込んだ
at 7:45 /	7時45分に
and drove /	そして車で向かった
to Anton's house. //	アントンの家へ。
They got there /	彼らはそこに着いた
at 8:00. //	8時に。
Then, /	それから,
they drove /	彼らは車で行った
to the amusement park. //	遊園地に。
It opened /	それ（遊園地）は開園した
at 9:00. //	9時に。
3 First, /	最初に,
they went on /	彼らは乗った
go-carts. //	ゴーカートに。
Then, /	それから,
they waited /	彼らは待った

to go on /	乗るために
the rollercoaster. //	ジェットコースターに。
It was the most popular ride, /	それは最も人気の乗り物だった,
so they had to wait /	なので彼らは待たなければならなかった
for one hour. //	1時間。
They were scared, /	彼らは怖がった,
but it was also fun! //	でもそれは楽しくもあった！
Then, /	そのあとで,
they went on /	彼らは乗った
the bumper cars and the pirate ship. //	バンパーカーと海賊船に。
It was a great day. //	すばらしい一日だった。

The Amusement Park

On Wednesday, Mark's mother said, "We'll go to Super World amusement park on Sunday." Mark asked, "Can I bring my friend Anton?" Mark's mother said, "It's OK." Mark called Anton and invited him. Anton was busy on Sunday, so they made a plan to go on Saturday.

Mark was excited on Friday night. He could not sleep well. He got up at 6:30 on Saturday morning, so he was tired. Mark and his mother got in the car at 7:45 and drove to Anton's house. They got there at 8:00. Then, they drove to the amusement park. It opened at 9:00.

First, they went on go-carts. Then, they waited to go on the rollercoaster. It was the most popular ride, so they had to wait for one hour. They were scared, but it was also fun! Then, they went on the bumper cars and the pirate ship. It was a great day.

遊園地

　水曜日に，マークの母が「日曜日にスーパーワールド遊園地に行くわよ」と言った。マークは「友達のアントンを連れて来てもいい？」と尋ねた。母は「いいわよ」と言った。マークはアントンに電話して彼を誘った。アントンは日曜日はいそがしかったので，彼らは土曜日に行く計画を立てた。

　マークは金曜日の夜，わくわくしていた。彼はよく眠れなかった。土曜日の朝，彼は6時30分に起きたのでつかれていた。マークと母は7時45分に車に乗り込み，アントンの家へ向かった。彼らはそこに8時に着いた。それから，彼らは車で遊園地へ行った。遊園地は9時に開園した。

　最初に，彼らはゴーカートに乗った。それから，ジェットコースターに乗るために待った。それは最も人気のある乗り物だったので，1時間待たなければならなかった。彼らは怖がったけれど，それは楽しくもあった！　そのあと，彼らはバンパーカーと海賊船に乗った。すばらしい一日だった。

解答と解説

解答

(1) ②　　(2) ④　　(3) ③　　(4) ②　　(5) ④

解説

(1) 第1段落の第4・5文に she heard news <u>on the radio</u>. "The Trenton Tigers will hold a special event. とあるので，**2** が正解。

設問・選択肢の和訳

(1) エバはどのようにして特別なイベントを知ったか。

×**1** テレビで。　○**2** ラジオで。　×**3** 雑誌で。　×**4** 友人から。

(2) 第1段落の第7文で，エバがオリビアに Let's go to see the Tigers <u>on Saturday night</u>. と言っているので，**4** が正解。

設問・選択肢の和訳

(2) 試合はいつだったか。

×**1** 火曜日の午後。　×**2** 火曜日の夜。
×**3** 土曜日の午後。　○**4** 土曜日の夜。

(3) 第2段落の第1文に <u>Eva's mother</u> drove them to the game in her car. とあるので，**3** が正解。

設問・選択肢の和訳

(3) 誰が車を運転したか。

×**1** エバ。　×**2** オリビア。　○**3** エバの母。　×**4** オリビアの母。

(4) 第2段落の第5文に Eva was a little sad. とあり，その理由は前文の <u>The seats were not good</u>, so they [= Eva and Olivia] could not see the players well. であるから，**2** が正解。

設問・選択肢の和訳

(4) エバは少し悲しかった，なぜなら…から

×1 Tシャツをもらえなかった。　　○2 彼女たちの座席がよくなかった。

×3 試合が退屈_{たいくつ}だった。　　×4 タイガースが勝たなかった。

---

(5) 第3段落の第4・5文に The Tigers <u>won</u> the game. The final score was <u>five to three</u>. とある。5対3で，勝った（点数が大きい）方がタイガースの得点だから，**4** が正解。

設問・選択肢の和訳

(5) タイガースは何点取ったか。

×1 1点。　　×2 2点。　　×3 3点。　　○4 5点。

語句

〈第1段落〉

- □ fan　　　　　　(名) ファン
- □ baseball team　　野球チーム
- □ sports magazine　スポーツ雑誌
- □ game　　　　　　(名) 試合
- □ radio　　　　　　(名) ラジオ
- □ hold　　　　　　(動) ～を開催_{かいさい}する
- □ special　　　　　(形) 特別な
- □ event　　　　　　(名) イベント，行事
- □ free　　　　　　(形) 無料の
- □ T-shirt　　　　　(名) Tシャツ
- □ idea　　　　　　(名) 考え

〈第2段落〉

- □ drive ～ to ...　　～を車で…まで送る
- □ gate　　　　　　(名) 入口

- □ seat　　　　　　(名) 座席
- □ sad　　　　　　(形) 悲しい

〈第3段落〉

- □ exciting　　　　(形) わくわくする，興奮させる
- □ hot dog　　　　ホットドッグ
- □ hamburger　　　(名) ハンバーガー
- □ win　　　　　　(動) ～に勝つ
- □ final　　　　　　(形) 最終的な，最終の
- □ score　　　　　(名) 得点

〈設問・選択肢〉

- □ learn about ～　～を (聞いて) 知る
- □ boring　　　　　(形) 退屈な
- □ point　　　　　(名) 点，得点

構造確認 ※読みまちがえた部分の確認に使用してください。　⇒別冊 p.38 ～ 39

第 1 段落

高校生のエバはトレントン・タイガースという野球チームのファンで，チームの特別な
イベントに友人のオリビアを誘った。

① Eva is a high school student.
　　主語 動詞　　　　補語

エバは高校生である。

② She is a fan ⟨of the Trenton Tigers baseball team⟩.
　　主語 動詞 補語

彼女は《トレントン・タイガースという野球チームの》ファンだ。

③ She reads (about the team) (in sports magazines), and she
　　主語① 　動詞①　　　　　　　　　　　　　　　　　　　　　　主語②

watches their games (on TV).
　　動詞②　　　目的語②

彼女は (スポーツ雑誌で) (そのチームについて) 読み，(テレビで) 彼らの試合
を見る。

> last は「この前の～」という意味で，現在に一番近いことを表します。だから，
> Last Tuesday afternoon は「この前の火曜日の午後」という意味になります。

④ (Last Tuesday afternoon), she heard news (on the radio).
　　　　　　　　　　　　　　　　主語　　動詞　　目的語

(この前の火曜日の午後)，彼女は (ラジオで) ニュースを聞いた。

⑤ "The Trenton Tigers will hold a special event.
　　　　主語　　　　　　　動詞　　　　目的語

「トレントン・タイガースは特別なイベントを行います。

⑥ They will give away free T-shirts (at the next game)."
　　主語　　動詞

彼らは (次の試合で) 無料の T シャツを配布するでしょう。」

⑦ Eva said (to her friend Olivia), "Let's go (to see the Tigers)
　主語① 動詞① 　　　　　　　　　　　　　　　　　　動詞②

(on Saturday night)."

エバは (友人のオリビアに) 言った,「(土曜日の夜に) (タイガースを見に) 行きましょう。」

⑧ Olivia said, "It is a good idea."
　主語① 　動詞① 主語②動詞② 　補語②

オリビアは言った,「それはいい考えね。」

第2段落

その試合の座席はよくなく, 選手がよく見えなかったので, エバは少し悲しかった。

① Eva's mother drove them (to the game) (in her car).
　　　　主語 　　　動詞 目的語

エバの母親が彼女たちを (車で) (試合に) 連れて行った。

② (At the gate), they got their free T-shirts.
　　　　　　　　主語 動詞 　　　目的語

(入口で), 彼女たちは彼ら (タイガース) の無料のTシャツをもらった。

③ (Then), they went (to their seats).
　　　　　主語 動詞

(それから), 彼女たちは (座席へ) 行った。

④ The seats were not good, so they could not see the players
　主語① 　　動詞① 　補語① 　　主語② 　動詞② 　　目的語②

(well).

その座席はよくなかったので, 彼女たちは選手たちが (よく) 見えなかった。

⑤ Eva was a little sad.
　主語 動詞 　補語

エバは少し悲しかった。

第3段落

試合はわくわくする内容で，チームは勝利したので，エバとオリビアはうれしかった。

① But the game was exciting.

    主語   動詞   補語

しかし試合はわくわくするものだった。

② Eva ate two hot dogs.

  主語 動詞   目的語

エバはホットドッグを2つ食べた。

③ Olivia ate a hamburger.

    主語   動詞   目的語

オリビアはハンバーガーを1つ食べた。

④ The Tigers won the game.

     主語   動詞   目的語

タイガースは試合に勝った。

⑤ The final score was five to three.

     主語   動詞   補語

最終的なスコアは5対3だった。

⑥ Eva and Olivia were very happy.

     主語   動詞   補語

エバとオリビアはとてもうれしかった。

サイトトランスレーション

⇒別冊 p.38 ～ 39

1 Eva is a high school student. //	エバは高校生である。
She is a fan /	彼女はファンだ
of the Trenton Tigers baseball team. //	トレントン・タイガースという野球チームの。
She reads /	彼女は読む
about the team /	そのチームのことを
in sports magazines, /	スポーツ雑誌で,
and she watches /	そして彼女は見る
their games /	彼らの試合を
on TV. //	テレビで。
Last Tuesday afternoon, /	この前の火曜日の午後,
she heard /	彼女は聞いた
news /	ニュースを
on the radio. //	ラジオで。
"The Trenton Tigers will hold /	「トレントン・タイガースは行います
a special event. //	特別なイベントを。
They will give away /	彼らは配布するでしょう
free T-shirts /	無料のTシャツを
at the next game. "//	次の試合で」。
Eva said /	エバは言った

to her friend Olivia, /	彼女の友人のオリビアに,
"Let's go /	「行きましょう
to see the Tigers /	タイガースを見に
on Saturday night." //	土曜日の夜に」と。
Olivia said, /	オリビアは言った,
"It is a good idea." //	「それはいい考えね」と。
2 Eva's mother drove /	エバの母親が車で連れて行った
them /	彼女たちを
to the game /	試合に
in her car. //	彼女（エバの母）の車で。
At the gate, /	入口で,
they got /	彼女たちはもらった
their free T-shirts. //	彼らの無料のTシャツを。
Then, /	それから,
they went /	彼女たちは行った
to their seats. //	自分たちの座席へ。
The seats /	その座席は
were not good, /	よくなかった,
so they could not see /	だから彼女たちは見えなかった
the players well. //	選手たちがよく。
Eva was a little sad. //	エバは少し悲しかった。
3 But /	しかし

the game was exciting. //	試合はわくわくするものだった。
Eva ate /	エバは食べた
two hot dogs. //	ホットドッグを2つ。
Olivia ate /	オリビアは食べた
a hamburger. //	ハンバーガーを1つ。
The Tigers won /	タイガースは勝った
the game. //	試合に。
The final score /	最終的なスコアは
was five to three. //	5対3だった。
Eva and Olivia /	エバとオリビアは
were very happy. //	とてもうれしかった。

The Trenton Tigers

Eva is a high school student. She is a fan of the Trenton Tigers baseball team. She reads about the team in sports magazines, and she watches their games on TV. Last Tuesday afternoon, she heard news on the radio. "The Trenton Tigers will hold a special event. They will give away free T-shirts at the next game." Eva said to her friend Olivia, "Let's go to see the Tigers on Saturday night." Olivia said, "It is a good idea."

Eva's mother drove them to the game in her car. At the gate, they got their free T-shirts. Then, they went to their seats. The seats were not good, so they could not see the players well. Eva was a little sad.

But the game was exciting. Eva ate two hot dogs. Olivia ate a hamburger. The Tigers won the game. The final score was five to three. Eva and Olivia were very happy.

トレントン・タイガース

　エバは高校生である。彼女はトレントン・タイガースという野球チームのファンだ。彼女はスポーツ雑誌でそのチームについて読み，テレビで彼らの試合を見る。この前の火曜日の午後に，彼女はラジオでニュースを聞いた。「トレントン・タイガースは特別なイベントを行います。彼らは次の試合で無料のTシャツを配布します」。エバは友人のオリビアに「土曜日の夜にタイガースを見に行きましょう」と言った。オリビアは「それはいい考えね」と言った。

　エバの母親が車で彼女たちを試合に連れて行った。入口で，彼女たちはタイガースの無料のTシャツをもらった。それから座席へ行った。座席はよくなかったので，彼女たちは選手たちがよく見えなかった。エバは少し悲しかった。

　しかし，試合はわくわくするものだった。エバはホットドッグを2つ食べた。オリビアはハンバーガーを1つ食べた。タイガースは試合に勝った。最終的なスコアは5対3だった。エバとオリビアはとてもうれしかった。

●英文校閲　Karl Matsumoto

英語4技能　ハイパートレーニング
長文読解　（1）超基礎編

2020 年 2 月 1 日　初　版第 1 刷発行

監修者	安河内 哲也
	アンドリュー・ロビンス
発行人	門間 正哉
発行所	株式会社 桐原書店
	〒 160-0023 東京都新宿区西新宿 4-15-3
	住友不動産西新宿ビル 3 号館
	TEL：03-5302-7010（販売）
	www.kirihara.co.jp
装丁・本文レイアウト	戸塚 みゆき（ISSHIKI）
DTP	有限会社マーリンクレイン
印刷・製本	図書印刷株式会社

ISBN978-4-342-20580-4
Printed in Japan

 桐原書店のアプリ